CHARLES SANDERS PEIRCE
COGNIÇÃO E AÇÃO DO SIGNO - DA FENOMENOLOGIA AOS SUBSTRATOS NEUROBIOLÓGICOS DA SEMIOSE

JOÃO QUEIROZ

KOTTER
EDITORIAL

Coordenação Editorial: Sálvio Nienkötter
Editor-Executivo: Daniel Osiecki
Editor-adjunto: Claudecir de Oliveira Rocha
Capa: Ana Fernandes, Carlos França
Design editorial: Carlos Garcia Fernandes
Produção: Cristiane Nienkötter
Revisão e preparação de originais: O Autor

Dados Internacionais de Catalogação na Publicação (CIP)
Angelica Ilacqua CRB-8/7057

Queiroz, João
Charles Sanders Peirce : cognição e ação do signo : da fenomenologia aos substratos neurobiológicos da semiose / João Queiroz. — Curitiba : Kotter Editorial, 2023.
224 p.

ISBN 978-65-5361-239-6

1. Semiótica 2. Peirce, Charles Sanders, 1839-1914 I. Título
CDD 401.41

23-4016

KOTTER EDITORIAL

Kotter Editorial Ltda.
Rua das Cerejeiras, 194
CEP: 82700-510 - Curitiba - PR
Tel. + 55(41) 3585-5161
www.kotter.com.br | contato@kotter.com.br

Feito o depósito legal
1ª Edição
2023

CHARLES SANDERS PEIRCE
COGNIÇÃO E AÇÃO DO SIGNO - DA FENOMENOLOGIA AOS SUBSTRATOS NEUROBIOLÓGICOS DA SEMIOSE

JOÃO QUEIROZ

Sumário

PREFÁCIO

Este livro de João Queiroz é, sobretudo, um livro necessário. Dependendo da identidade do leitor, poderá ainda ser didático ou herético, e para outros será apenas lógico. Nem mesmo para os diletos colaboradores de João haverá leitura sem surpresas, pois o caminho percorrido é tão único quanto o próprio autor. Trata-se de um trabalho todo orientado para a superação de um célebre gueto epistêmico. Passados mais de cem anos desde a sua formulação original, a semiótica de Charles Sanders Peirce (1839-1914) permanece vastamente desconhecida, sendo estudada e desenvolvida por um hermético círculo de filósofos espalhados pelo mundo. Inúmeros estudos semióticos foram publicados no último século tratando da geração, estrutura, função e dinâmica dos signos, mas toda esta literatura está atualmente relegada à atenção de um pequeno número de ultra-especialistas. Não obstante este isolamento, poucas disciplinas rivalizam com a semiótica em sua influência difusa sobre a cultura ocidental. No naipe de ideias fora do lugar que caracteriza grande parte da academia contemporânea, termos como símbolo e ícone adquirem significados os mais variados na engenharia, na computação, na biologia, na psicologia, na publicidade, na literatura etc. João se propôs a duríssima tarefa de atacar esta multiplicidade de sentidos, investigando a ciência dos signos a partir de seus próprios pressupostos. No entanto, sendo a semiótica de Peirce um sistema lógico sobre as relações entre os objetos da mente (*phanera*), João optou por construir suas pontes na direção de seu palco principal: o cérebro.

Foi uma longa viagem. Primeiro foi preciso renunciar à leitura em segunda mão de Peirce e enfrentar a esfinge de frente. Peirce foi um autor prolífico, criativo e metafórico, dono de uma obra eternamente em construção, revisada e reformada múltiplas vezes. Além disso, boa parte de sua produção ainda aguarda republicação, estando disponível apenas em notas, epístolas e escassos artigos originais. Muitas visitas às bibliotecas das universidades de Rockefeller, Indianapolis, Bloomington e Perpignan foram necessárias para reconstruir o complexo mosaico do legado de Peirce. O resultado destes anos de exegese é sintetizado nos capítulos I, II e III, apresentando ao leitor diversos conceitos fundamentais da semiótica, como a lógica triádica da semiose, o modelo signo-objeto-interpretante, e as classificações sígnicas. Estes capítulos são muito úteis ao leitor não-iniciado na obra de Peirce, e preparam-no para o capítulo IV, onde João apresenta o resultado de suas investigações gráficas da semiótica Peirceana. Estes engenhosos "diagramas de relações periódicas" permitem destrinchar diversos aspectos da gramática especulativa através da percepção visual, e seu desenvolvimento é parte integral da investigação de semioticistas profissionais. Os diagramas foram premiados por sua originalidade, constituindo um rigoroso exercício de aplicação da lógica Peirceana.

O capítulo V, e a conclusão (capítulo VI), apresentam um estudo semiótico de um problema biológico específico: o comportamento vocal de macacos-verde africanos (*Cercopithecus aethiops*). Através de uma análise semiótica fundada em fatos da neurobiologia e da etologia, chega-se a uma compreensão da comunicação animal que difere da interpretação atualmente hegemônica entre etólogos, neurobiólogos e linguistas. A visão defendida, especialmente no capítulo V, é de que o uso dos símbolos não é, em si mesmo, um monopólio da espécie humana. Ao contrário, o autor propõe que o símbolo, no sentido estritamente Peirceano, ocorre em primatas relativamente distantes da linhagem humana, e tem como substrato relações associativas que, em sua essência, pouco diferem do condicionamento clássico descoberto por Pavlov. De acordo com esta posição, propriedades como arbitrariedade e generatividade devem ser buscadas não em todo e qualquer símbolo, mas em um tipo específico denominado, por Peirce, "argumento" (CP 2.263). A introdução desta posição no contexto da comunicação animal e da neurociência representa uma novidade significativa para o estudo da evolução da linguagem, e tudo leva a crer que esta linha de investigação ainda terá muitas consequências.

Tomados em conjunto, os seis capítulos deste livro percorrem a distância que vai do pergaminho à idéia nova, desmistificando e atualizando Peirce com vistas a uma grande síntese neurosemiótica. Evidentemente as direções apontadas neste livro estão ainda por serem exploradas, e é nisso mesmo que reside sua força: mais do que prover respostas, este trabalho abre portas para novas perguntas. A importância destas não passará despercebida para os iniciados na filosofia de Peirce. Leitores leigos, ao contrário, poderão talvez questionar a empreitada, criticando o excessivo interesse pela obra gongórica de um filósofo obsoleto. Bobagem. Um gênio misantropo de seu tempo, polímata e sistemático, coube de fato a Peirce um lugar oblíquo entre os filósofos que influenciaram o pensamento do século XX. Isto se deve, em grande medida, à intricácia de sua obra. No entanto, a semiótica de Peirce foi explicitamente formulada como uma lógica (uma "ciência formal dos signos"), sendo dotada de rigorosa consistência interna. Se forem férteis as direções aqui delineadas, preciosos elos perdidos estarão por descobrir-se na arca de tesouros deixada por Peirce. Estará por garimpar-se, por exemplo, um grande avanço teórico sobre as origens da linguagem humana. Uma tal síntese neurosemiótica poderia converter-se em uma poderosa ferramenta de pesquisa comum a linguistas, etólogos e neurocientistas. Grandes promessas que apenas o futuro responderá. Novas, frágeis, mas ambiciosas promessas!... Que tão intrigante ousadia tenha sido parcialmente formulada em bom português é um dado saboroso. Que saia agora publicada pela KOTTER editorial para ampla difusão em nossa língua, isto então é motivo de júbilo. Evoé João! Alvíssaras! Abram passagem para os signos.

Sidarta Ribeiro
Instituto do Cérebro (UFRN)
Agosto de 2022

0

INTRODUÇÃO

É quase um consenso que a sobrevivência de criaturas ou organismos complexos, biológicos ou artificiais, depende de ajustes de seus comportamentos às modificações, muitas das quais ao acaso, do ambiente. Se cognição é o conjunto de atividades que permite a realização de tais ajustes, *representação* é, para muitos autores, cientistas e filósofos, o que torna isto possível. Esta tese é conhecida, em Ciência Cognitiva e Filosofia da Mente, como representacionalista, internalista ou cognitivista. Como, por exemplo, explicar que um inseto, sem os instrumentos e dispositivos (físicos e externos) que usamos para navegar com precisão (mapas, gráficos, bússolas, astrolábios, etc), voe longas distâncias sem se perder? Que processos atuam para que ele se desloque de um lugar em que se encontra para outro que não observa, diretamente, e que precisa alcançar? O internalista, ou o cognitivista clássico, supõe que o inseto processa representações que estoca em um mapa (mental) que possui do território que sobrevoa;[1] cada região do mapa que possui em seu cérebro deve "estar para", ou "corresponder a", uma região do espaço por onde se desloca, deve representá-lo de algum modo.

Mapas, placas e sinais, gestos, alfabetos, palavras, diagramas, grafos e gráficos, imagens, listas e tabelas, bandeiras, números, réguas e compassos, ábacos, equações, fórmulas, notações musicais, lógicas e matemáticas, fotos, termômetros, astrolábios, filmes, vídeos, telescópios e microscópios, marcadores de átomos e de partículas, reagentes químicos, instituições e contratos; dos dispositivos e tarefas mais ordinários

[1] Gallistel (1998: 5).

(por exemplo, o deslocamento orientado no espaço) às atividades que exigem treinamento mais demorado e sistemático (por exemplo, a construção de sistemas formais), tudo o que fazemos, ou pensamos poder fazer, parece depender de representações. É intuitivamente claro que, ao representarmos uma coisa (ou processo), a substituímos por outra entidade (coisa ou processo). Assim, supomos que o inseto, quando sobrevoa uma região, substitui certas coisas que observa por representações destas coisas, em um mapa da região. Algo mais ou menos similar ao que fazemos quando nos deslocamos com um mapa na mão, à procura de um lugar que não conhecemos.

Mas o que são representações? Como emergem? Quantos tipos de representações conhecemos? Como são usados? Como se complexificam em criaturas complexas? Em que momento surgem, em termos evolutivos? Que substratos biológicos estão associados à sua emergência em organismos biológicos? Como o desenvolvimento de sistemas de representação melhoram certas performances cognitivas? Como simular computacionalmente estas performances em criaturas artificiais?

1. Cognição e representação

É fácil imaginar que, diante de tantas questões, diversas ciências se apresentem — psicologia cognitiva, psicologia evolutiva e comparada, etologia, ciências e neurociências cognitivas, linguística, filosofia, lógica, inteligência artificial, para mencionar apenas algumas delas. Também é fácil supor que cada uma delas faça uso de um aparato próprio de métodos, modelos, protocolos de investigação, e que muitas vezes eles diferem tão radicalmente que uma conversa entre disciplinas torna-se impraticável. Não há um só domínio de pesquisa interessado em processos cognitivos que não tenha incorporado às suas preocupações a noção de representação. Ao mesmo tempo, este "componente infraestrutural das investigações científicas" é "obscurecido por confusões terminológicas" (Clark 1997: 462). De acordo com Bechtel (1998: 297), este termo "é usado em uma tal variedade de modos, em ciências cognitivas, que torna-se um desafio acessar as diferentes propostas que diversos cientistas fazem sobre representação".

Churchland (1989: 387) sugere algo próximo quando afirma que "em ciências cognitivas existe um considerável e proposital silêncio sobre representações cognitivas, onde a questão sobre a natureza e o status das representações é deixado convenientemente vago."

É fato que os estudos sobre cognição, em diferentes domínios, têm-se dedicado à elaboração de "modelos e classes de representação". As abordagens têm um caráter bastante explícito, entre muitos autores, e aparece de modo um tanto subterrâneo, ou "convenientemente vago", em muitos outros. Mas, em todos, é sugerido um modelo, e uma tipologia, ou um sistema de classes, de representação.

Este é um livro sobre representações, ou, para ser ainda mais preciso, sobre signos. Ele está baseado na semiótica de Charles S. Peirce (1839-1914). Espero concluir que as variações, e conveniente imprecisão desta noção, desenvolvidas *ad hoc*, especialmente em ciência cognitiva e filosofia da mente, podem ganhar em rigor, e generalidade, se tratados sob a perspectiva da teoria do signo de Peirce. Mas para abordar esta noção (signo), descrever suas classes, relacioná-las e investigar estas relações, devo introduzir as fundações de seu sistema filosófico.

2. Peirce, polímata, é um "adaptive methodologist"

Sabemos que áreas envolvidas na solução de problemas científicos e filosóficos podem, e muitas vezes é assim que acontece, recorrer a métodos, teorias e modelos disponíveis em áreas muito diferentes. Tais relações, chamadas de relações inter-teóricas, são difíceis, mas não são raras. Elas envolvem, muitas vezes, a criação de novos ambientes e nichos de investigação, e seus resultados são submetidos a rigorosos escrutínios. Peirce (CP 7.66), abordando este tema, em sua própria época, afirma:

> "Os mais altos lugares nas ciências, nos últimos anos, foram para aqueles bem sucedidos em adaptar métodos de uma ciência à investigação de outra. Isto tem consistido nos mais altos progressos das últimas gerações. Darwin adaptou à biologia os métodos de

> Malthus e dos economistas; Maxwell adaptou à teoria dos gases os métodos da doutrina do acaso, e à eletricidade os métodos da hidrodinâmica; Wundt adaptou à psicologia os métodos da fisiologia; Galton adaptou ao mesmo estudo os métodos da teoria dos erros; Morgan adaptou à história os métodos da biologia; Cournot adaptou à economia política o cálculo de variações."

Peirce extraiu consequências radicais da ideia de inter-relação entre ciências e métodos, em seu próprio trabalho. Ketner (1995: 243) chega a dizer que "toda a carreira de Peirce pode ser descrita como a de um 'adaptive methodologist': alguém especializado em aplicar métodos de uma ciência em áreas de outras ciências, particularmente em filosofia". Em seu *modus operandi* de trabalho, ele adaptou, de uma ciência, teorias, modelos e protocolos, com resultados bem sucedidos em seus domínios de origem, para investigar novos fenômenos. Além disso, ele inventou métodos de observação, sistemas de notação e ferramentas de modelagem.

Peirce é um polímata. Suas contribuições se estendem por áreas tão diversas como metrologia, psicologia experimental, geodésia, fotometria estelar, economia matemática, educação matemática, filosofia da matemática, teoria da gravitação, linguística, história e filosofia da ciência, história e filosofia da lógica, lógica-matemática.[2] Mas ele é considerado, acima de tudo, um lógico.[3] Com Frege, Russell, e Hilbert, Peirce foi um dos fundadores da lógica moderna.[4] Ele desenvolveu, com Mitchell, e independentemente de Frege, as noções de quantificação e quantificador lógicos,[5] foi autor de uma lógica trivalente,[6] além de ter antecipado, em mais de trinta anos, o operador de Sheffer (W 4: 218-221),[7] e a descoberta de Shannon de uma correspondência entre funções de verdade e circuitos elétricos (W 5: 421-422),[8] podendo ser considerado um dos inventores da história moderna da computação. Foi, além disso, autor de uma notação lógica de caráter

[2] Fisch (1986: 376); Burch (2021).
[3] Houser (1997: 1).
[4] Lukasiewicz (1970: 111); Barwise & Etchemendy (1995: 211), Quine (1995: 23); Hintikka & Hilpinen (1997: ix).
[5] Hintikka & Hilpinen (1997: ix); Quine (1985: 767; 1995: 31).
[6] Lane (2001).
[7] Houser (1997: 3).
[8] Gardner (1982).

geométrico-topológico (grafos existenciais, ou GE) prenunciando o desenvolvimento de sistemas híbridos de notação — *heterogeneous logic* — baseados em grafos, diagramas, mapas, e redes.[9]

Peirce também é autor de um sistema filosófico — uma filosofia construída de modo que suas partes (matemática, fenomenologia, estética, ética, lógica, metafísica) estão co-implicadas através de princípios fundamentais.[10] A organização deste sistema, que baseia-se em relações hierárquicas de dependência, pode ser seguida em sua classificação das ciências.[11] Uma introdução a este sistema deve levar em consideração suas principais contribuições em áreas formais e experimentais, e o modo como elas atuam em sua organização. Veremos que as categorias cenopitagóricas, elaboradas ao longo de mais de 40 anos, funcionam como o princípio de organização deste sistema. Seu desenvolvimento requereu análises formais, interpretações fenomenológicas, e aplicações em uma metafísica científica. Um trabalho sobre a semiótica de Peirce deve explicar quais, e como, estão co-implicadas tais partes em seu sistema, através das categorias, e, ao menos introdutoriamente, deve apresentar o aparato formal desenvolvido para a elaboração das categorias, cuja prova de necessidade e completude foi conduzida, em um período maduro, num domínio de experimentação com grafos e diagramas.

2.1 Semiótica (geral, formal, normativa, especulativa) de Peirce

Peirce é considerado o fundador da moderna teoria do signo, ou semiótica,[12] que ele também chamou de "teoria formal do signo" (NEM 4: 20), "semiótica cenoscópica" (MS 499), "geral" (CP 1.444), "normativa" (CP 2.111), "especulativa" (MS 693), "teoria pura dos signos" (MSL 107). Mas deve-se notar que, como De Waal (2013: 75)

[9] Roberts (1973), Shin (1994), Barwise & Etchemendy (1995), Allwein & Barwise (1996), Hammer (1994), Moraes & Queiroz (2013).

[10] Parker (1998: 2-27).

[11] Kent (1987).

[12] Weiss & Burks (1945: 386); Atkin (2010). Para uma abordagem histórica sintética, e recente, recomendo: Champagne (2018: 14).

argumenta, o próprio Peirce nunca usou o termo "semiotics", mas quatro variantes diferentes: "semiotic", "semeotic", "semeiotic", e "semeiotics". A semiótica foi definida por Peirce (CP 5.484) como "a doutrina da natureza essencial e fundamental de todas as variedades de possíveis semioses", isto é, de qualquer forma concebível de semiose, de suas condições de possibilidade e de suas possíveis variações. Seu objeto de investigação é, portanto, muito geral.

Em outras palavras, a semiótica descreve e analisa a estrutura de processos semióticos sem se importar com o suporte físico ou material em que tais processos podem acontecer, ou em que escala podem ser observados — no interior de células (citosemiose), em plantas (fitosemiose), no mundo físico (fisiosemiose), na comunicação animal (zoosemiose), ou em atividades consideradas como tipicamente humanas (produção de notações, metarepresentações, teorias e modelos).[13] É desse tipo de investigação que resulta a natureza "quase-necessária" desta ciência, que, como a matemática, é concebida por Peirce como uma ciência formal (CP 2.227). Mas seu status de ciência formal não pode ser comparado à matemática, e ao modo como esta extrai suas conclusões (CP 4.229), porque, diferentemente da matemática que "constrói na imaginação" os objetos de seus experimentos (CP 1.240, 4.233ff) para extrair deles "relações de necessidade" (CP 4.229), a semiótica não investiga as formas de sua própria construção (CP 1.241). Ela encontra prontos os objetos de sua observação — a "experiência humana normal", ou a "experiência ordinária" (CP 1.241).[14] Embora seja uma disciplina teórica, uma parte de seus métodos são formais. Os domínios (alguns dos quais descobertos ou inventados por ele próprio) onde Peirce experimentou suas principais hipóteses incluem uma lógica diagramática e uma incipiente teoria dos grafos,[15] novos desenvolvimentos em psicologia experimental (CP 5.223),[16] descobertas da química,[17] entre outras.

[13] Para uma revisão recente, recomendo: Sharov & Tonnessen (2021).
[14] Potter (1967: 8).
[15] Burch (1991), Ketner (1995), Brunning (1997).
[16] Cadwallader (1975), Cristalli (2022).
[17] Ferriani (1990).

2.2 Gramática especulativa e a "fisiologia dos signos de todos os tipos"

A semiótica se subdivide em gramática especulativa, lógica crítica e retórica especulativa (CP 2.229). A primeira divisão é a que mais nos interessa aqui. Sua tarefa é examinar a "fisiologia dos signos de todos os tipos" (CP 2.83). É o ramo que investiga as condições às quais devem se submeter todo e qualquer tipo de signo, do signo como tal, ou conforme sua natureza (CP 1.444). Como parte de suas construções, a gramática especulativa elabora "classificações de signos". Para Houser (1997: 9), "o lógico que se concentra na gramática especulativa investiga relações de representação (signos), trabalha nas condições necessárias e suficientes da representação, e classifica os diferentes tipos de representação". Peirce desenvolveu, entre 1867 e 1908-11, um modelo de signo como processo, ação, e relação, e construiu diversas divisões para descrevê-los. É conhecida a classificação "ícone, índice, símbolo". Mas há, além dessa, que é "a mais fundamental divisão de signos" (CP 2.275), diversas classificações, e "classes de signos". As classificações são desenvolvidas em diversos momentos, de 1867 a 1908, e estão organizadas no que podem ser considerados sistemas de classes: 3 classes, 10 classes, 28 classes e 66 classes de signos. "Para que", "como", e "por que" tais classificações foram desenvolvidas, são algumas das questões que vamos investigar.

3. Sobre diagramas visuais, imagens visuais e imaginações musculares

Peirce pensava através de diagramas visuais.

> "Não é um fato histórico que o melhor raciocínio tenha sido feito por palavras, ou imagens aurais. Ele têm sido conduzido por imagens visuais e imaginações musculares. No pensamento de melhor tipo, um experimento imaginário é conduzido". (NEM 4: 375)

Mas sua preferência por um tipo de raciocínio visual não teve muitas consequências na gramática especulativa. Nós tomamos seriamente em consideração este tipo de estratégia. No capítulo 2, sobre as categorias, a prova de completude da lista de categorias, além da propriedade de irredutibilidade de seus elementos, receberam um tratamento diagramático, e uma abordagem introdutória baseada nos grafos para o cálculo funcional clássico de primeira ordem com identidade (sistema beta).[18] A fenomenologia é apresentada neste capítulo. No capítulo 3, um modelo adequado para a relação irredutivelmente triádica do signo-em-ação, ou semiose, é abordado também através de tratamentos diagramáticos. Diversas propostas são comparadas à luz do que chamo de "princípios de regulação" da semiose, que os modelos devem, ou deveriam, satisfazer. No capítulo 4, faço um esboço do desenvolvimento cronológico das classificações sígnicas, de um "período juvenil", que acontece em torno de 1865, até 1908-1911. Meu foco, no capítulo 5, volta a ser o desenvolvimento de modelos visuais para tratar as classificações sígnicas. Estou, neste capítulo, interessado em como as classificações, e especialmente as dez classes de signos, podem ser graficamente modeladas. Desenvolvemos,[19] para explicar a estrutura dos únicos diagramas de Peirce para as dez classes de signos, um método baseado no que chamamos de "coordenadas triangulares", além de diversas ferramentas para descrever as relações que operam entre as classes. No capítulo 6, idealizamos[20] um protocolo em neuroetologia cognitiva para checar as relações de pressuposição entre as classes de signos, previstas pelos modelos de Peirce, e fundadas em um sistema exaustivo de relações irredutíveis, e em sua fenomenologia. Este protocolo baseia-se na análise de vocalizações de primatas não-humanos, e sugere a construção de uma nova agenda de pesquisas. Chamamos esta agenda de "neurosemiótica comparada".

[18] Queiroz & Stjernfelt (2011), Queiroz & Moraes (2013).
[19] Farias & Queiroz (2000ab, 2001, 2017a, b).
[20] Queiroz & Ribeiro (2002).

I

Categorias cenopitagóricas

Relações. Redutibilidade das relações. Relações genuínas e degeneradas. Completude e suficiência da lista de categorias: demonstração formal e inspeção fenomenológica. Phaneron. Tipos de consciência.

A categorialogia, ou teoria das categorias, é uma ciência de predicados,[21] estruturas,[22] processos,[23] tendências,[24] mecanismos de regulação,[25] elementos básicos,[26] relações fundamentais.[27] Lógica, fenomenologia e metafísica, são os domínios onde, historicamente, tais fenômenos foram definidos, descritos e analisados. A categorialogia de Peirce produz um corpo altamente abstrato de ideias e é o centro de sua filosofia arquitetônica. Para um lógico, e um cientista experimentado, como Peirce, as categorias também são hipóteses, que podem ser refutadas, e demonstradas,[28] por investigações conduzidas em lógica-matemática (MS 292), teoria dos grafos (MS 492, 292), fenomenologia (EP 2: 145-159), biologia e fisiologia celular (CP 1.385, 1.395), psicologia experimental (CP 1.374-1.384), metafísica (CP 1.373), topologia (NEM 4: 307). Elas dependem, de um lado, de demonstração formal, e de outro,

[21] Ryle (1953).
[22] Bohm (1987).
[23] Rescher (1996: 36).
[24] Merrell (1995).
[25] Thom (1985: 115).
[26] De Waal (2013: 74).
[27] Murphey (1993: 298), Fabbrichesi (1994: 96).
[28] Putnam (1991: 85).

de especulação teórica, observação e teste. Para Freeman (1934: 3), "essa qualificação marca sua contribuição única para a categorialogia — a tentativa de combinar métodos racionalistas e empiricistas, sem que um seja absorvido pelo outro".

O que farei neste capítulo: (1) depois de uma breve apresentação da teoria das categorias, e de alguma digressão sobre suas propriedades e sua fundação no artigo que é considerado a pedra-de-toque do pensamento de Peirce ("On a new list of categories" [W 2: 49, CP 1.545], 1867), vou (2) introduzir a propriedade de irredutibilidade das relações para (3) apresentar as categorias no domínio da fenomenologia, ou faneroscopia, como mais tarde ele a chamou, e (4) introduzir sua classificação de tipos de consciência — "feeling", "altersense", "medisense".

1. Categorias — visão pluralista e falibilista

As categorias demarcam as condições do que é inteligível e devem ser concebidas como uma lista exaustiva de concepções, ou questões, fundamentais, impostas *a priori* à cognição. Para Hausman (1993: 94), "tais concepções podem ser observadas como classes (ou tipos) através das quais as coisas que são conhecidas, ou podem ser concebidas, são divididas; ou são consideradas modos, condições, por meio das quais as coisas podem ser distinguidas, e, de acordo com elas, ser conhecidas." Segundo Hookway (1985: 80), "uma teoria das categorias é uma série de concepções altamente abstratas e funciona como um sistema completo de *summa genera*, qualquer objeto do pensamento ou da experiência devendo pertencer a uma das categorias deste sistema." Uma lista de categorias é uma lista do que não pode ser experimentado, pensado, ou imaginado, a não ser por meio de seus elementos — "sabemos de sua universalidade ao sabermos que não poderíamos encontrar um mundo que não poderia se conformar a ela" (Hookway 1985: 81). Ainda segundo Hookway (1985: 80), "se temos uma série de categorias, temos um sistema de classificações que tem lugar para qualquer coisa que possamos pensar ou experimentar."

Há, em toda obra de Peirce, um interesse que se propaga pela lógica da ciência, e pelos métodos científicos.[29] Não poderia ser diferente com a teoria das categorias. Para Kuntz (1994: 178), Peirce é um "methodologist of categoriality" ao mobilizar, entre 1857 e 1910, diferentes métodos (fenomenológico, lógico, matemático, histórico, etc) para obtê-las, e demonstrá-las. Mas, em geral, tem sido aceito que Peirce oscila entre duas grandes perspectivas: lógica e fenomenológica. Esta, desenvolvida independentemente de Husserl, e aquela, inicialmente de extração kantiana, é revisada depois de 1885 pelo que é chamado, em sua época, de "lógica das relações", e mais tarde, pelos grafos existenciais, que são um sistema lógico-diagramático.[30] Trata-se de uma visão pluralista e falibilista;[31] de mudança sistemática, e controlada, de perspectivas de observação e análise, seguidas de avaliação e comparação dos resultados obtidos por estas mudanças. Esta posição permite incorporar novos resultados, e permite supor o que Peirce chamou de séries alternativas de categorias (MS 296: 16). Rosenthal (2001) resume assim esta idéia:

> "Peirce, em lugar nenhum, indica que suas categorias são absolutas e eternas, e, de fato, estabelece claramente que, embora sua seleção possa ser a mais adequada, séries alternativas de categorias são possíveis (CP 1.525). Ele sustenta que sua seleção tem sua própria e única importância, e que provavelmente não é maior que outras séries (MS 296: 16) e reconhece que nós continuamente encontramos concepções que seu conjunto não inclui (CP 1.525)".

2. De "On a new list" aos tipos irredutíveis de relação

Para Pape (1997), as categorias são um princípio metateórico cujo desenvolvimento exigiu de análises formais à investigação fenomenológica e especulação metafísica. A construção deste princípio, cujas fundações matemáticas conectam diferentes métodos,[32] associa diversos domínios,

[29] Reynolds (2002).
[30] Queiroz & Moraes (2013), Queiroz & Stjernfelt (2011).
[31] Rosenthal (2001).
[32] Ketner (1995), Brunning (1997).

formais e empíricos,[33] para justificar: (i) completude da lista, porque ela deve ser exaustiva; (ii) irredutibilidade de seus elementos, porque eles devem ser formalmente distintos; (iii) composicionalidade de seus elementos, porque, embora distintos, é possível combiná-los, e porque há uma ordem de pressuposição necessária entre eles; (iv) inspecionalidade, porque deve ser possível checar suas propriedades em um mundo de fatos.

Muitos dos comentadores de Peirce têm introduzido as categorias a partir de "On a new list of categories" (W 2: 49, CP 1.545), publicado em 1867. Há muitas vantagens em se começar por "On a new list". Peirce forneceu seu primeiro esquema da teoria das categorias neste artigo que é considerado a fundação de sua semiótica. Nele, são definidas as condições gerais necessárias para formação de concepções; as condições pelas quais as "impressões" são "unificadas" em estruturas proposicionais. Para Hausman (1993: 96), "o principal problema abordado, remete à identificação das concepções requeridas para articular a experiência pela unificação de seus componentes, na forma de proposições."

A primeira apresentação das categorias é duplamente kantiana, de quem Peirce se auto-denominou, por muito tempo, um devoto (CP 4.2), e do qual "On a new list" é uma "reconstrução" (CP 1.563, 4.2, 8.329).[34] Em primeiro lugar, as categorias são definidas como "concepções que reduzem a variedade das impressões a uma unidade", à unidade da proposição. Em segundo lugar, porque refletem a definição de número de Kant — "simplesmente a unidade da síntese da variedade de uma intuição homogênea em geral" (Savan 1952: 186-187). Para Savan (ibid.), Kant reinterpreta uma noção que vem de Pitágoras, e que Aristóteles resume assim: "número é uma pluralidade mensurável por um" (Metafísica 1057-a/3, *apud* Savan ibid.). Savan continua: "Peirce aparentemente conclui que, desde que as categorias e os números são, ambos, funções de unificação da variedade, as categorias, como os princípios numéricos, serão chamadas de Primeiro, Segundo e Terceiro" (CP 1.556).

Ao longo dos anos, as categorias recebem muitas designações, e suas correspondências são analisadas em diversos domínios. Em "On a new list", as categorias (W 2: 54) são denominadas: qualidade, relação,

[33] Freeman (1934: 3), Rosenthal (2001).
[34] Hookway (1985: 81-85).

e representação. Posteriormente, diversas noções são usadas (tabela 1): "espontaneidade/ dependência/ mediação" (CP 3.422), "*feeling*/ reação/ hábito" (CP 4.157), "qualidade/ reação/ mediação: (CP 4.3), e os mais importantes "primeiridade/ secundidade/ terceiridade":

> "Primeiridade é o modo de ser daquilo que é tal como é, positivamente e sem referência a qualquer outra coisa." (CP 8.328)
> "Perfeitamente simples e sem partes." (CP 1.531)
> "As típicas idéias de Primeiridade são qualidades de feeling ou mera aparência." (CP 8.329)
> "Secundidade é o modo de ser daquilo que é tal como é, com respeito a um segundo, mas sem observar qualquer terceiro." (CP 8.328)
> "O tipo de idéia de Secundidade é a idéia de esforço, prescindido da idéia de um propósito." (CP 8.330)

Como é "impossível resolver tudo em nossos pensamentos por meio destes dois elementos" (CP 1.343) — primeiridade e secundidade —, embora haja tentativas para fazê-lo (CP 8.331), é necessário um terceiro elemento:

> "Terceiridade, no sentido da categoria, é o mesmo que mediação." (CP 1.328)
> "Algumas das idéias proeminentes, devido a sua grande importância em filosofia e ciência, e que requerem atento estudo são, generalidade, infinidade, continuidade, difusão, crescimento e inteligência." (CP 1.340)

São estas algumas das propriedades associadas às categorias:

	Primeiridade	**Secundidade**	**Terceiridade**
1867	Qualidade	Relação	Representação
1891	Espontaneidade / *Feeling*	Dependência Matéria / Reação	Mediação Evolução Mediação
1896	Qualidade	Fato	Lei
1897	Idéias de feelings / *Feelings*	Atos de Reação Reação	Hábitos Pensamento

1898	Primeiras qualidades/ idéias Acaso / Liberdade	Existência/ reação *Self-willedness*	Potencialidade/ Continuidade Continuum
1902	*Orience* (originalidade)	Luta	-
1903	Presentidade Qualidade de *feeling*	Ação Luta Reação Força mecânica	Lei Geral Representação Mediação

Tabela 1: Diversas denominações atribuídas às categorias.

Como afirmei, a mais importante das sucessivas "revisões" da teoria das categorias é conduzida pela "lógica das relações",[35] e seus resultados são apresentados pela primeira vez em 1885 em "One, Two, Three: Fundamental Categories of Thought and of Nature" (W 5: 242). A partir dos anos 1870-80, as categorias passam a descrever tipos irredutíveis de relação (monádicos, diádicos e triádicos), "cada um servindo a uma função de unificação distinto e necessário pelos quais os objetos são tornados inteligíveis" (Hausman 1993: 109). Para Murphey (1993: 303), "ao invés de derivar as categorias da análise da relação sígnica, como tinha feito em 'On a new list', Peirce apresenta as categorias diretamente como três classes de relação — monádica, diádica e triádica. Este procedimento tem a vantagem da generalidade, porque todas as relações lógicas possíveis, incluindo a relação sígnica, pertencem a uma destas três classes". Segundo Peirce,

> "Um cuidadoso estudo da lógica de relativos confirma as conclusões que havia obtido muito anteriormente — os termos lógicos são ou mônadas, díadas, ou políadas, e estes últimos não introduzem qualquer elemento radicalmente diferente daqueles encontrados na tríada." (CP 1.293)

> "Minhas pesquisas em lógica dos relativos têm mostrado, além de quaisquer dúvidas, que combinações de conceitos exibem uma notável analogia com combinações químicas, todo conceito tendo uma valência estrita. [...] Então, o predicado 'é azul' é univalente, o

[35] Atkin (2016: 236), De Waal (2013: 123), Murphey (1993: 296-320).

predicado 'assassina' é bivalente [...]; o predicado 'dar' é trivalente, desde que A da B para C, etc." (CP 5.469)

Para entender como Peirce muda sua compreensão sobre o predicado da proposição, a partir do contato com a obra do matemático Augustus De Morgan, e explora a ideia de classes irredutíveis de relações, vou introduzir (próxima seção) algumas noções preliminares de álgebra das relações, e sua abordagem diagramática do cálculo funcional clássico de primeira ordem, especialmente de uma estrutura desta abordagem — "teridentidade". Devido a importância deste tópico, alguns comentários são necessários.

A primeira aplicação de Peirce de um método diagramático em lógica deve ser pensado concomitantemente aos desenvolvimentos de uma notação para a lógica das relações, a partir dos trabalhos de De Morgan, aos quais Peirce teve acesso em 1866, e para os quais fez diversas contribuições nos anos 1870-80.[36] A proposta de uma notação para a lógica das relações é um exemplo dos desenvolvimentos de Peirce desse sistema. O artigo "Description of a Notation for the Logic of Relatives, Resulting from an Amplification of the Conceptions of Boole's Calculus of Logic" (W 2: 359-429, 1873) constitui a mais importante contribuição de Peirce neste campo. Fisch (W 2: xxxi), por sua vez, associa este artigo, de um lado, com o *Linear Associative Algebra,* 1870, de Benjamin Peirce, pai de Charles S. Peirce, mais do que com os trabalhos de Boole e De Morgan, e de outro lado, com a teoria das categorias. Esta última interpretação é também a de Fabbrichesi (1994: 97): "Peirce interpretou — poderíamos quase dizer produziu — a lógica das relações como uma verificação essencial de seus estudos sobre as categorias." Segundo Flower & Murphey (1977: 589), a principal contribuição de Peirce para a filosofia foi feita na lógica das relações.[37] Mesmo o Pragmatismo vai depender dos desenvolvimentos deste sistema,[38] e dos Grafos Existenciais (GE). A "prova da hipótese pragmaticista", e a prova do sinequismo (CP 5.415), também dependem dos GE.[39]

[36] Roberts (1973: 17). Para os que estiverem interessados na notação de Peirce para a lógica dos relativos, ver: Thibaud (1975), Whelden (2000). Sobre as contribuições de Peirce no domínio da algebrização da lógica, ver: Burris & Legris (2021).
[37] Kneale (1964: 432).
[38] Flower & Murphey (1977: 589).
[39] Fisch (1986: 365).

> "Em minha própria história mental, foi o estudo da lógica das relações — na teoria e na prática — que levou-me a ver que todas as concepções, ainda que abstratas e nobres — eram capazes de ser definidas com perfeita precisão formal em termos de concepções cotidianas. [...] Foi esta visão que tentei incorporar em minha máxima do pragmatismo." (MS 313: 30)

2.1 A "maquinaria lógica" das categorias: álgebra das relações e grafos existenciais

Uma discussão sobre as categorias não deveria ignorar os primeiros desenvolvimentos de Peirce em álgebra das relações, e nos GE, desenvolvidos especialmente a partir de 1896-97 (MS 482), e através dos quais é demonstrada a propriedade de irredutibilidade das relações triádicas.[40] A faneroscopia, assim como as ciências normativas, se beneficiam diretamente destes resultados. Não é um exagero afirmar que o tópico da obra de Peirce provavelmente mais negligenciado pelos autores interessados em sua semiótica é a lógica de diagramas, cujos primeiros trabalhos datam de 1882 (W 4:395-97),[41] e por meio da qual é demonstrada a principal propriedade da semiose[42] — a irredutibilidade das relações triádicas genuínas. Como alerta Brunning (ibid.), "um cuidadoso estudo de toda a maquinaria lógica de Peirce, começando com a álgebra das relações através da teoria dos quantificadores até os grafos existenciais, pode tornar as categorias menos misteriosas metafisicamente [ou semioticamente]". Uma análise das propriedades formais das categorias, em contraposição às suas propriedades materiais, uma divisão claramente estabelecida a partir de 1885 (MS 901), e 1890 (CP 1.424, 457, 473),[43] deve anteceder qualquer investigação indutiva. Em outras palavras, uma análise lógico-matemática das categorias deve ser anterior a qualquer formulação das ciências normativas e mesmo da faneroscopia, que empregam "técnicas e resultados matemáticos para validação das categorias" (Hookway 1985: 182).

[40] Ketner (1986, 1995), Brunning (1997).
[41] Roberts (1973: 18), Queiroz & Moraes (2013).
[42] Ketner (1995), Brunning (1997: 253).
[43] Kent (1997: 448).

Os motivos para se recorrer a tratamentos formais estão relacionados às propriedades de completude e suficiência que Peirce deve imprimir às categorias.[44] Para obter uma lista exaustiva — "eu lhe convido a considerar, não todas as coisas no faneron, mas apenas seus elementos indecomponíveis, isto é, estes que são logicamente indecomponíveis, ou indecomponíveis por inspeção direta" (CP 1.288; 1.299). Como definir os elementos "logicamente indecomponíveis"? Relações e formas — "tudo o que nós sabemos, sabemos apenas por suas relações, e tudo o que podemos saber são relações" (MS 931: 396). Peirce não só está interessado em uma teoria da cognição baseada em uma teoria geral das relações que funcione como uma "stecheology" do pensamento (CP 1.191),[45] como no centro de seu sistema filosófico está o conceito de relação.[46] Para investigar tais elementos, Peirce argumenta: "Inventei diversos sistemas de signos para lidar com relações. [...] Fui, finalmente, levado a preferir o que eu chamo de sintaxe diagramática" (MSL 231).[47] Uma conexão entre relações, lógica das relações, grafos existenciais e "elementos do faneron" é explicitamente formulada em diversas passagens:

> "Os Grafos Existenciais nos fornecem o melhor diagrama do pensamento jamais inventado. [...] E, portanto, não pode haver melhor instrumento para pensar sobre os constituintes do faneron, que é ele próprio evanescente para uma compreensão bem definida, do que aquele conduzido através dos Grafos Existenciais. A maior lição da lógica dos relativos, do qual eles são meramente uma expressão, é que Conceitos Simples Indecomponíveis, Constituintes ou Elementos do Faneron, não diferem, como pensava a velha lógica, um do outro, somente em suas matérias, mas também em suas formas". (MS 499s: 17-18)

> "Não pode haver melhor método para estudar o faneron, sendo ele próprio muito elusivo para observação direta, do que através de um diagrama dele, que o Sistema dos Grafos Existenciais põe à nossa disposição". (MS 293: 23-24)

[44] Parker (1998: 3).
[45] Houser (1997: 15).
[46] Leo Fabbrichesi (1992, 1994).
[47] Kent (1997: 445).

Para extrair mais consequências desta perspectiva, não devemos desconsiderar: (i) uma introdução à álgebra das relações, (ii) demonstração que Ketner (1995) faz da tese da irredutibilidade das relações ("tese da redução"),[48] a partir do manuscrito "Logical Tracts. No. 2. On Existential Graphs, Euler's Diagrams, and Logical Algebra" (MS 492, 1903); (iii) as considerações de Brunning (1997) sobre teridentidade, e sobre a demonstração da irredutibilidade das relações triádicas; (iv) o método (algébrico-topológico), baseado no manuscrito MS 492 (1903), e desenvolvido por Burch (1991, 1997). Vou me concentrar nos itens (i) e (iii) dessa lista. Sobre o item (iii), segundo Brunning (1997: 254), "Peirce afirma que o aspecto bidimensional torna a representação de tríades possível". Em outra passagem ela afirma: "Peirce tornou-se convencido de que a verdadeira natureza das relações triádicas foi, frequentemente, mascarada pelas álgebras. Foram os Grafos Existenciais que tornaram explícitos os caracteres triádicos." Sobre o (iv), sugiro uma consulta direta aos trabalhos de Burch.

Para a segunda parte do teorema da irredutibilidade das relações, Peirce descreve algumas propriedades de estradas que se bifurcam, em comparação com as que não sofrem bifurcações. As primeiras são tríades, enquanto as segundas são análogas a díadas. Segundo este exemplo, nenhuma combinação de estradas sem bifurcações terá mais de dois terminais (figura 1.1), ao passo que qualquer número de terminais pode ser conectado por estradas que contenham nós indicando três direções (figura 1.2).

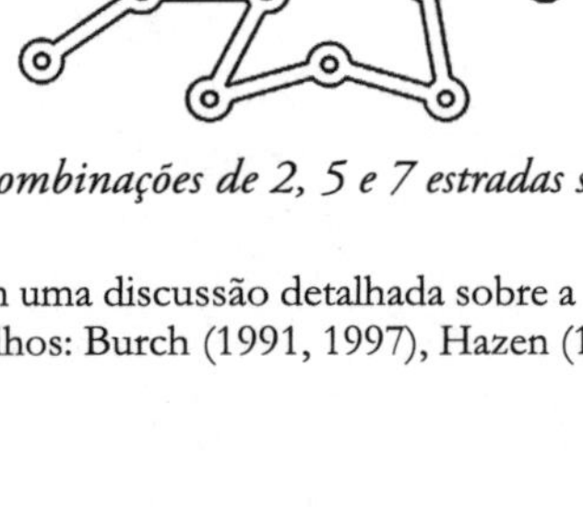

Figura 1.1: Combinações de 2, 5 e 7 estradas sem bifurcação.

[48] Para aqueles interessados em uma discussão detalhada sobre a "tese da redução das relações", recomendo os seguintes trabalhos: Burch (1991, 1997), Hazen (1995), Ketner (1995), Brunning (1997), Anellis (1997).

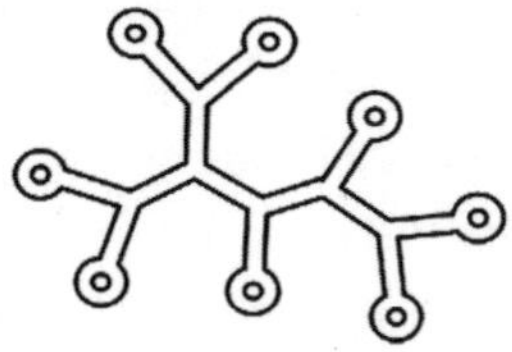

Figura 1.2: Combinação de estradas com bifurcação conectando 8 terminais (exemplo adapatdo de CP 1.371, W 2: 244).

Em "The Basis of Pragmaticism in Phaneroscopy" (MS 908, EP 2: 360-70, 1905), Peirce exibe outros exemplos de formas, de relações de diversas aridades, que podem ser construídas a partir de tríadas (figura 1.3). Os exemplos podem ser encontrados em CP 1.347, CP 3.483-84 e CP 4.309.

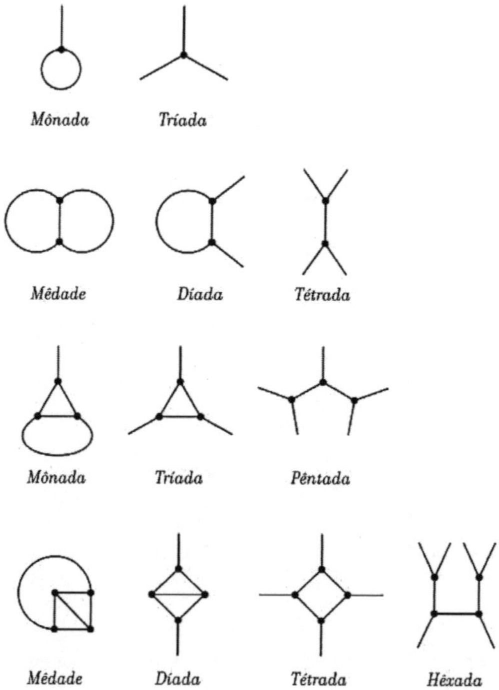

Figura 1.3: Formas de diversas aridades construídas a partir de 1 tríade (primeira linha), 2 tríades (segunda linha), 3 tríades (terceira linha) e 4 tríades (quarta linha), (exemplo adaptado de EP 2: 364).

A prova de irredutibilidade, para Ketner (1986: 376), deve ser compreendida à luz de sua abordagem diagramática da lógica e da análise lógica. Existe, segundo Burch (1991: 1-6), uma importante conexão entre, de um lado, a lógica dos relativos e os sistemas de grafos lógicos desenvolvidos por Peirce, e de outro, os conceitos de "valência" e "ligação" desenvolvidos na química, no mesmo período (CP 1.288-292, CP 3.468-471, CP 4.307-310, CP 5.469).

> "Assim como Frege, Peirce passou a ver a adicidade de uma relação como uma característica de sua capacidade de 'ligar-se' ou 'juntar-se.' Diferente de Frege, Peirce pensava nesta capacidade de 'juntar-se' como uma capacidade de juntar-se a outras relações, por 'aplicação.' E ele via esta capacidade como algo tão similar à capacidade de ligação dos ions químicos, que a adicidade de uma relação parecia-lhe corresponder ao número de posições valentes em um ion. Sendo assim, uma relação apresentava-se como um tipo de ion conceitual". (Burch 1991: 3)

Peirce:

> "Minhas pesquisas em lógica dos relativos têm mostrado, além de quaisquer dúvidas, que combinações de conceitos exibem uma notável analogia com combinações químicas, todo conceito tendo uma valência estrita. [...] Então, o predicado 'é azul' é univalente, o predicado 'assassina' é bivalente [...]; o predicado 'dar' é trivalente, desde que A da B para C, etc". (CP 5.469)

Em 1909 (MS 514), em um tutorial para os grafos existenciais, ele sugere uma notação para as relações (mêdades, mônadas, díadas, tríades) que se assemelha às valências dos elementos químicos -- 0, 1, 2 e 3.

> "Grafos indivisíveis usualmente contém 'pegs' que são lugares em sua periferia apropriados para denotar, cada um deles, um dos sujeitos do grafo. [...] Um grafo ou instância de grafo contendo 0 pegs é uma mêdade. Um grafo ou instância de grafo contendo 1 peg é uma mônada. Um grafo ou instância de grafo contendo 2 pegs é uma díada. Um grafo ou instância de grafo contendo 3 pegs é uma tríade". (MS 514)

Ketner (1986) usa esta notação (figura 1.4) para reconstruir a prova de irredutibilidade das relações.

Figura 1.4: Notação para mônada, díada e tríade (Ketner 1986: 377-381).

Na terminologia adotada por muitos autores,[49] a semiose (ação do signo), que é uma relação irredutivelmente triádica, é formada por classes elementares: (i) relações monádicas ou "de primeiridade", (ii) relações diádicas ou "de secundidade", e (iii) relações triádicas ou "de terceiridade". Além das três categorias, Peirce também distinguiu o que ele chamou de formas "genuínas", ou "puras", e "degeneradas". Em seu "The Basis of Pragmaticism in the Normative Sciences" (MS 283, EP 2: 371-397, 1906) "degeneração" é definida assim:

> "Um fenômeno geral que ocorre na matemática é que quase todo conceito fortemente marcado possui conceitos fronteiriços que perdem suas características fortes mas são incluídos em um conceito mais amplo. [...] Estas fronteiras desbotadas (se me permitem a expressão) de conceitos altamente coloridos são, na matemática, apropriadamente chamadas de 'formas degeneradas.' O mesmo fenômeno ocorre na faneroscopia [...]". (EP 2: 390)

Em relação às categorias, Peirce definiu dois tipos de secundidade e três tipos de terceiridade (CP 1.365, EP 2: 160-161). A primeiridade, devido ao seu caráter rudimentar (EP 2: 160), não possui qualquer forma degenerada. A secundidade, por sua vez, possui uma forma genuína, ou "forte," que Peirce definiu como "externa" — "verdadeiras ações de uma coisa sobre a outra" (W 6: 178, CP 1.365) —, e outra, degenerada ou "fraca," que ele definiu como "interna" (W 6: 177, CP 1.365). A terceiridade, por sua vez, além de sua forma genuína, possui dois graus de degeneração:

[49] Houser (1997: 14), Kent (1997: 448).

> "O primeiro ocorre onde não existe no fato em si nenhuma Terceiridade ou mediação, mas onde existe verdadeira dualidade; o segundo grau ocorre onde não há nem mesmo verdadeira Secundidade no fato em si". (W 6: 178, CP 1.366)

Um exemplo de terceiridade degenerada em primeiro grau é um "grampo que segura duas folhas", e que continuará a segurar uma das folhas caso a outra seja eliminada (W 6: 178, CP 1.366), exemplificando o que Peirce chamou de "terceiridade acidental." A afirmação "um centauro é uma mistura de um homem e um cavalo" é um exemplo de terceiridade degenerada em segundo grau, algo que ele também chamou de "terceiro intermediário" ou "terceiro de comparação" (W 6: 179, CP 1.367). Também é possível compreender a degeneração das categorias a partir da análise de valências proposta por Ketner (1986). Se considerarmos as possibilidades de formação de grafos valentes simples, ou sem ligações, com valências 1, 2 e 3, veremos que: (i) só existe um tipo de grafo (valente simples) com valência 1: aquele formado por 1 mônada (figura 1.6); (ii) existem dois tipos de grafos (valente simples) com valência 2: aquele formado por 2 mônadas, e aquele formado por uma díada (figura 1.7); (iii) existem três tipos de grafos (valentes simples) com valência 3: aquele formado por 3 mônadas, aquele formado por 1 mônada e 1 díada, e aquele formado por 1 tríada (figura 1.8).

Figura 1.6: Grafo com valência 1, em notação adotada por Ketner (1986).

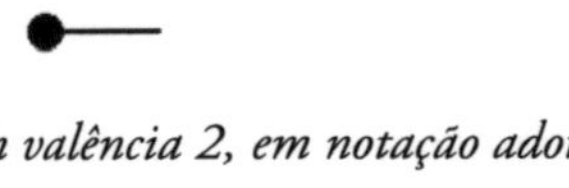

Figura 1.7: Grafos com valência 2, em notação adotada por Ketner (1986).

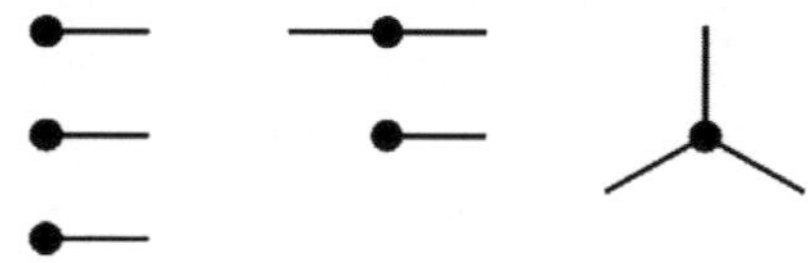

Figura 1.8: Grafos valentes simples com valência 3, segundo notação adotada por Ketner (1986).

Mesmo um tratamento apenas introdutório de alguns aspectos formais das categorias tem muitas implicações. Em geral, os autores[50] aceitam que as categorias são inicialmente formuladas em um ambiente lógico-dedutivo, de onde uma fase indutiva empresta métodos e resultados — "a fenomenologia é usada para confirmar a tese sobre as formas que o raciocínio matemático pode considerar" (Hookway 1985: 103). Para Parker (1998: 43), "com a descoberta dos relativos monádicos, diádicos e triádicos, na lógica matemática, nós temos os conceitos formais das categorias cenopitagóricas. A questão sobre sua aplicabilidade material permanece indicada pela fenomenologia; aquela sobre sua necessidade e suficiência, como categoria lógica, deve aguardar análise na parte matemática da lógica". Para Kent (1997: 448), "as categorias logicamente formais foram caracterizadas como relações irredutíveis: Primeiros são monádicos, Segundos são diádicos e Terceiros são triádicos; nenhum deles pode ser reduzido, e relações de mais alto nível são redutíveis a relações triádicas. Estas categorias formais provêem a base para a classificação do signo." Ainda sobre este tratamento, segundo Houser (1997: 14, 16),

> "de acordo com Peirce, existem somente três classes fundamentais de relações: mônadas, díadas e tríadas. É claro que ele reconheceu que existem relações de adicidade de mais alto grau do que tríadas, mas ele afirmou que estas relações podem todas ser reduzidas (com respeito a suas estruturas básicas) a complexos de tríadas."
> "Na matemática, aparentemente em suas bases, [que] nós encontramos a teoria das relações, onde, presumivelmente, as categorias universais de Peirce foram primeiramente elaboradas e onde a tese da redução é estabelecida."

[50] Hookway (1987), Murphey (1993), Pape (1997), Brunning (1997), Kent (1997), Ketner (1995), Houser (1997), Parker (1998), De Wall (2013), Atkin (2016).

2.2 Completude, necessidade, e irredutibilidade das relações

> "Por que parar em três? Por que não podemos encontrar uma nova concepção em quatro, cinco, e assim por diante, indefinidamente? A razão é que, enquanto é impossível formar uma tríade genuína pela modificação do par, quatro, cinco, e todo e qualquer número mais alto pode ser formado pela mera complicação de três." (CP 1.363)

A prova de completude, necessidade, e irredutibilidade das categorias deve mostrar que: (i) toda políada maior do que três é construída a partir de tríadas, (ii) tríadas e díadas são irredutíveis. Para Burch (1997: 234), há dois componentes aqui, um positivo e um negativo: (i) todas as relações podem ser construídas a partir de relações de aridade 1, 2, e 3 (componente positivo), e equivalentemente, todas as relações de aridade maior do que 3 podem ser reduzidas a relações de aridade 1, 2, e/ou 3; (ii) relações de aridade 2 não podem (em geral) ser construídas a partir de aridade 1, ou equivalentemente, reduzidas a relações de aridade 1 (componente negativo); (iii) relações de aridade 3 (e maior) não podem (em geral) ser construídas a partir de (ou, equivalentemente, reduzido a) relações de aridade 1 e/ou 2 (componente negativo); (iv) relações de aridade 2 podem ser construídas a partir de relações de aridade 1 se, e somente se, a relação de aridade 2 é degenerada (componente negativo, "de maneira mais detalhada"); (v) relações de aridade 3 (ou maiores) podem ser construídas a partir de relações de aridade 1 e/ou 2 se, e somente se, a relação de aridade 3 é degenerada (componente negativo, "de maneira mais detalhada"). Ou, mais simplesmente, que relações não-degeneradas de aridade 1, 2, e 3, não podem ser reduzidas, e que todas as relações de aridade maior do que 3 podem ser reduzidas a relações de aridade 1, 2, e/ou 3.

Três noções parecem adequadas para demonstrar a redução das relações: noções de relação, de construção e redução (aplicado a relações), de degeneração e não-degeneração (aplicado a relações).[51]

---

[51] Burch (1997: 234).

2.3 Teridentidade, e como "três coisas não constituem necessariamente uma tríade"[52]

De Morgan e Peirce elaboraram o que ficou conhecido como "lógica das relações", e que, em certos aspectos, é análoga à álgebra das classes de Boole.[53] Wiener (1914) reduziu a teoria das relações a classes, ao construir relações como classes de pares ordenados, e definindo pares ordenados com base na teoria das classes.[54] É conhecida a definição de par ordenado de Kuratovstki, um refinamento do trabalho de Wiener.[55] A partir desses trabalhos, segue-se que todas as relações podem ser reduzidas a relações diádicas. Há ainda o trabalho de Löwenheim (1915) baseado justamente nos desenvolvimentos de Peirce e Schröder, cujo teorema VI demonstra a redutibilidade a relações diádicas. Assim, uma relação n-ádica, Rx1, x2, ... xn, é constituída por um conjunto de n-uplas {<a1 ... an> <b1 ... bn> <c1 ... cn>} que, por sua vez, podem ser reduzidas a {<a1 <a2 ... an>>, <b1 <b2 ... bn>>, <c1 <c2 ... cn>}. Em outros termos, uma relação n-ádica pode ser reduzida a uma relação diádica. Cria-se, portanto, um problema para lidar com a afirmação de Peirce — "Eu provo absolutamente que todos sistemas com mais de três elementos são redutíveis a compostos de tríades. [...] O ponto é que evidentemente tríades não podem ser reduzidas" (SS 43; CP 7.537).

De acordo com Burch (1991: 7), que propõe um tratamento consistente com os resultados de Quine (1966) e Löwenheim (1915), há dúvida sobre o fato de Peirce ter apresentado uma prova de sua afirmação. Contudo, ainda segundo Burch, desta controvérsia não deriva "o fato que a afirmação de Peirce esteja errada ou que não possa ser provada" (ibid.). Em primeiro lugar, deve-se atentar para os conceitos de relação, e de redução, adotados por Peirce. Em segundo lugar, segundo a sugestão de Brunning (1997: 253), as álgebras "falham" em prover uma demonstração da necessidade das relações triádicas — "os grafos existenciais, através de teridentidade, fazem explícita a necessidade da terceira

[52] Esta seção foi desenvolvida graças à colaboração com Lafayette de Moraes (Dept. Filosofia, PUC-SP), com quem publiquei diversos trabalhos sobre a lógica diagramática (os GE) de Peirce.

[53] Kneale & Kneale (1964: 432).

[54] Classe de equivalência é, normalmente, entendida, em álgebra das classes, como "partições de um conjunto".

[55] Quine (1966).

categoria". Esta é também a opinião de Ketner (1995: 197): "depois de ter sido um dos pioneiros em lógica algébrica, Peirce veio a favorecer uma abordagem topológica e diagramática em lógica e em análise lógica. Seria, portanto, muito natural para ele ter expresso a prova da redução em alguma forma diagramática (não-algébrica)".

As relações podem ser definidas como n-uplas ordenadas (relações meramente formais). Mas Peirce, além desta, tem uma noção de relação como "conceito relativo", que funciona aproximadamente como "classes de equivalência", e que correspondem a três primitivos: mônadas, díadas e tríadas (Brunning 1997: 255). Tríadas, e díadas, podem ser degeneradas (redutíveis diádica ou monadicamente) e genuínas (irredutíveis). Degeneração é um conceito cuja aplicação, extraída do estudo das "seções cônicas" (MS 304: 35-36, EP 2: 544-545, 1904), se refere à redução de uma figura geométrica a figuras mais simples. É uma relação que pode ser expressa através de relações de menor aridade, quando, por exemplo, se reduz uma relação n-ádica, como um conjunto de n-uplas, a uma relação diádica. Mas uma 3-upla não é uma tríade genuína — "três coisas não constituem necessariamente uma tríade" (MS 942, 1897-8). Uma tríade degenerada é uma "mera justaposição" (CP 1.371), uma "mera combinação" (CP 1.363), de "congêneres" (MS 717).

Para Brunning (acima), pode-se provar este conceito primitivo apenas através de um tratamento não-algébrico. Enquanto o tratamento algébrico é unidimensional, o tratamento através de grafos é bidimensional. Podemos estabelecer uma correspondência, aproximada, entre o cálculo proposicional clássico e o sistema alfa dos GE, assim como entre o cálculo funcional clássico de primeira ordem, com identidade, e o sistema beta.[56] Tem alguma relevância, para nossa abordagem, as chamadas "linhas de identidade". O aspecto bidimensional dos grafos, mais especificamente do sistema beta, torna possível a representação de tríades genuínas através de uma de suas estruturas — teridentidade.[57] Segundo Peirce, "um ponto sobre o qual tocam três linhas de identidade é um grafo expressando uma relação de teridentidade" (MS 478). Para verificar que teridentidade é um conceito primitivo, é necessário provar que ele "não é mera identidade. Ele é identidade e identidade, mas este

[56] Roberts (1973).
[57] Ketner (1995), Brunning (1997).

'e' é um conceito distinto [de seu homônimo da álgebra booleana e da lógica clássica], e é precisamente este o conceito de teridentidade" (MS 296, 1908). Em outras palavras, "teridentidade não pode ser formado a partir de bi-identidade" (ibid.), conforme sugere Kempe (CP 3.424), que reduziria a relação "A dá B para C" (um dos mais mencionados exemplos de Peirce):

> Em um certo ato D, algo é dado por A
> Em um certo ato D, algo é dado para C
> Em um certo ato D, para alguém é dado B

Peirce faz restrição à análise de Kempe, que considera uma pseudo-redução da tríade a um conjunto de díadas. Precisamos, para definir teridentidade como um conceito primitivo, de um pequeno vocabulário de elementos gráficos (ver acima): (i) individuais são representados por pontos, (ii) termos (remas) são "spots", representados por letras ou palavras (no caso acima: A, B e C), (iii) nas periferias dos "spots" existem conectores, onde são ligadas as linhas de identidade. Mônadas e diádas são representadas, respectivamente, por: — x e — y —.

Para afirmar a "identidade de individuos" designados por diferentes pontos, conectamos estes pontos por linhas de identidade. Duas restrições devem ser respeitadas: (i) duas linhas de identidade não podem ser ligadas ao mesmo conector — "um conector de um grafo é ligado a outro conector de um grafo" (MS 296); (ii) linhas de identidade não podem se interceptar. A multiplicação relativa é definida como "a aplicação de uma relação de tal modo que, por exemplo, Lw, denotará o que quer que seja amante de uma mulher ['lover of a woman']" (W 2: 369) — "alguma coisa que ama" e esta "alguma coisa é uma mulher", ou, segundo Peirce, L—W. Esta é a representação Fregeana desta relação: (x, z) (Lxz & Wz). Com respeito às restrições estabelecidas, combinações de —L— ("alguém é amante de alguém") e —W ("este alguém é uma mulher") são conexões de aridade perfeitamente definidas. Deste exemplo, obtemos: — L — —W. Para Peirce, "um grafo com três conexões não pode ser formado a partir de um grafo com uma ou duas conexões, e combinações de grafos de três conexões são suficientes para construir grafos com números mais altos de conectores" (CP 1.347).

Esta propriedade define teridentidade como uma relação primitiva, e é a "prova" da necessidade da terceiridade. Em outra passagem, Peirce afirma (MS 492b: 202, 1903): "é impossível afirmar que A, B, C são todos idênticos sem o rema triádico '— é idêntico com — e com —' que é um simples rema. Mas a asserção que A, B, C, D são idênticos pode ser feita por duas tríadas."

Esta é uma introdução dos elementos que servem como base para a prova de necessidade da terceiridade, e suficiência da lista de categorias. A interpretação dos resultados desta fase, na faneroscopia (próxima seção) e na teoria do signo (próximo capítulo), constituem nossas próximas etapas. A partir daqui vou me deter no exame das categorias através da faneroscopia – um exame dos elementos "ubiquamente presentes à mente consciente".

3. Introdução a faneroscopia e aos "elementos indecomponíveis" do faneron

A fenomenologia de Peirce, ou faneroscopia, como ele preferiu chamá-la, é uma ciência "ocupada com os elementos formais do faneron", o "total coletivo de tudo que está, de qualquer modo, ou em qualquer sentido, presente à mente, sem consideração sobre se corresponde a algo real ou não" (CP 1.284).

> "Minha lista de categorias difere das de Aristóteles, Kant e Hegel, na medida em que eles nunca realmente se voltaram para um exame do Fenômeno, para ver o que havia para ser observado lá; e eu não faço exceção à Phänomenologie de Hegel às minhas críticas". (NEM 4:19)
> "Vamos agora nos voltar para o faneron e ver o que encontramos de fato". (CP 1.299)

Como "a mais básica (*primal*) de todas as ciências positivas" (CP 5.39), teoricamente baseada em "pura matemática" (CP 5.40), a tarefa da faneroscopia é prover um catálogo exaustivo dos elementos mentais (CP

1.292).[58] Suas principais questões são: quais os "elementos indecomponíveis" do faneron (MS 292: 71-75, 1906) e como eles estão interconectados? Seu protocolo de investigação prevê diversas fases (EP 2: 149, CP 1.299, 5.42), de considerações *a priori* sobre relações, à generalização de estados discriminados por observação.

> "O que eu chamo de Faneroscopia é aquele estudo que, baseado em observação direta dos fanerons, e generalizando suas observações, indica suas diversas classes gerais; descreve as características de cada uma delas; mostra que, embora inextricavelmente misturadas, tal que não podem ser isoladas, ainda assim é manifesto que seus caracteres são distintos; então prova, além de qualquer questão, que uma lista curta forma as mais gerais categorias que existem nos fanerons; finalmente, prossegue com a difícil e laboriosa tarefa de enumerar as principais subdivisões destas categorias". (CP 1.286)

O resultado é um catálogo dos "departamentos da ação mental" (CP 7.539), descrição destes departamentos, e suas relações a partir da análise de seus componentes fundamentais, que são as "formas das estruturas dos elementos" fundamentais do faneron (MS 292, 1906). A questão pode ser formulada assim: a extraordinária diversidade de eventos e estados mentais exibidos à observação pode ser agrupada em formas análogas (ou homólogas)? Quando examinamos a mente consciente, se não somos eliminativistas,[59] observamos idéias, volições, representações, sensações, percepções, hábitos, crenças, *feelings*, reações, conceitos. (Há, nessa lista, uma classificação rudimentar do que pode ser encontrado, no foco da atenção consciente — uma lembrança, em um intervalo de tempo, um distúrbio no campo atento da audição, uma interrupção na atenção visual, etc.) Tem sido sugerido que, para explicar o que examinamos, a primeira coisa conveniente a fazer é uma classificação ou tipologia — separar o que examinamos em processos, e/ou entidades, e/ou formas, de diferentes tipos.

Resulta desta divisão o que Peirce (CP 7.539) chama de "departamentos da ação mental". Deles provêem o fâneron observado em

[58] Sobre a faneroscopia, recomendo: Savan (1952), Rosensohn (1974), Spiegelberg (1981), Rosenthal (2001).
[59] Por exemplo, Churchland (1984: 43-49).

classes e subdivisões destas classes — da atividade mental em "componentes da atividade mental". Quais os componentes mais fundamentais e como eles estão relacionados? A faneroscopia propõe um método para responder esta questão, e compara os resultados obtidos com resultados extraídos de outros domínios, especialmente da matemática. A idéia mais importante aqui é que a faneroscopia mostra que relações formais estudadas na lógica matemática, que antecedentemente exclui diversas possibilidades (CP 1.292), possuem correlato na experiência.

> "Encontramos então, *a priori*, três categorias de elementos indecomponíveis a serem observados no fâneron: estes que são simplesmente totais positivos, estes que envolvem dependência mas não envolvem combinação, e estes que envolvem combinação". (CP 1.299; MS 499s: 17-18, MS 293)

A questão sobre o que são os "elementos indecomponíveis do faneron" (MS 292) pode ser comparado ao problema matemático das 4 cores, que interessou Peirce (W4: xivi): "qual o número mínimo de cores suficientes para colorir os países mostrados por um mapa de modo que nenhum país adjacente seja colorido com a mesma cor? Tem sido sugerido, mas não provado, que a resposta a este problema é quatro." Esta metáfora também tem estreita correspondência com descobertas da química,[60] especialmente da tabela periódica (CP 5.469), do "poder de combinação de um átomo ou radical" (Isaacs et al. 1996: 754),[61] onde a questão é formulada em termos "faneroquímicos" — classes de conexões, descritas como valências, aparecem indissoluvelmente combinadas e misturadas no fâneron, que é "analiticamente quebrado" (Marty 1982: 169) em seus elementos constitutivos. Pode-se conceber que tal análise forneça uma variedade ilimitada de elementos? Não é o que se observa. Um inventário dos elementos resultantes revela três formas, que Peirce chama de valências faneroquímicas (CP 1.288).

Não vou me deter mais neste tópico, relacionado a "forma da estrutura dos elementos" classificados no fâneron (MS 292: 71, 1906), que

[60] Tursman (1987: 28).
[61] Picardi (1990).

é sua "estrutura externa", ou "a estrutura de seus possíveis compostos (ligações!)", e que, de fato, é o que "limita as diferenças de estruturas possíveis" e permite construir uma classificação destas estruturas.[62] Este tópico conecta pesquisas dos grafos existenciais (GE) com a faneroscopia (MS 499s, 1906; MS 293), e fornece a ela ferramentas para investigar os elementos fundamentais encontrados na consciência.

3.1 Experiências monádicas, diádicas e triádicas: os "departamentos da ação mental"

Como descrever e explicar a experiência multidimensional da consciência? Para Chalmers (1997: 5), "não há apenas um problema da consciência. Consciência é um termo ambíguo, e refere-se a diferentes fenômenos. Cada um destes fenômenos precisa ser explicado, mas alguns são mais fáceis de explicar do que outros."[63] Para Peirce, os "departamentos da ação mental" são feitos de três "componentes fundamentais", isto é, três componentes cuja "forma da estrutura" não pode ser explicada através de qualquer outro componente.

> "Todos os elementos da experiência pertencem a três classes, que, desde que são melhor definidas em termos de números, podem ser chamadas categorias cenopitagóricas. Nominalmente, a experiência é composta de: 1º, experiências monádicas, ou simples [...]; 2º , experiências diádicas, ou recorrências [...] experiência direta de uma oposição de pares de objetos; 3º, experiências triádicas, ou compreensões [...] experiência direta que conecta outras possíveis experiências". (CP 7.528)

Toda a variedade de estados que constituem a mente consciente pode ser dividida em três formas — *feeling*, ou experiência monádica, *altersense*, ou sentido de alteridade, ou experiência diádica, e *medisense*, sentido de mediação, ou experiência triádica. De acordo com esta divisão, três formas fundamentais da experiência devem ser explicadas: (i) "o conteúdo momentâneamente presente da consciência" (CP 7.551), (ii) a

[62] Ketner (1995: 214).

[63] Para os interessados neste tópico, ver: Houser (1978), Colapietro (1989), Champagne (2018).

experiência "de um outro diretamente presente, ou segundo, resistindo a nós", e (iii) a experiência de "síntese ou mediacão" (CP 1.378).

> "Imagine uma consciência em que não há qualquer comparação, nenhuma relação, nenhuma multiplicidade reconhecida, nenhuma mudança, nenhuma imaginação de qualquer modificação do que está positivamente lá, nenhuma reflexão – nada além de uma simples característica positiva. Tal consciência poderia ser apenas um odor [...]. A primeira categoria é uma qualidade de feeling." (EP 2:150)
> "Ela seria alguma coisa que é o que é sem referência a qualquer outra coisa, dentro dela ou fora dela, sem considerar qualquer força ou razão." (CP 2.85)
> [...] "O conteúdo todo da consciência é feito de qualidades de *feeling*, como o todo do espaço é feito de pontos ou o todo do tempo, de instantes." (CP 1.317)
> "[...] Este tipo de consciência, que não envolve análise, comparação, ou processo de qualquer tipo, nem consiste em todo ou em parte de qualquer ato pelo qual um trecho da consciência é distinguido de outro, tem sua própria positiva qualidade que consiste em nada mais, e que é, de si mesmo, tudo o que é." (CP 1.306)

No sentido de alteridade, há distinção e reação entre partes, luta, resistência e conflito.

> "A próxima simples característica que é comum a tudo que vem à mente, e consequentemente, a segunda categoria, é o elemento de Luta." (EP 2:150)
> "Você tem um sentido de resistência e ao mesmo tempo um sentido de esforço. Não pode haver resistência sem esforço; não pode haver esforço sem resistência. Eles são somente dois modos de descrever a mesma experiência. É uma dupla consciência. Nós nos tornamos atentos de nós mesmos nos tornando atentos do não- self. O estado de vigília é uma consciência da reação, e como a consciência ela própria é bi-dividida, ela tem também duas variedades — nominalmente, ação, onde nossa modificação de outras coisas é mais proeminente do que sua reação sobre nós, e percepção, onde seu efeito sobre nós é esmagadoramente maior do que nosso efeito sobre eles." (CP 1.324)
> "Existe uma dualidade de agente e paciente, de esforço e resistência, de esforço ativo e inibição, de agir sobre o self e sobre objetos externos." (CP 1.332)

> "Eu limitaria isto à consciência diádica momentaneamente direta de um ego e um não-ego presentes e reagindo um sobre o outro." (CP 1.334)

Finalmente, há síntese e mediação.

> "Sentido de Mediação é consciência de um meio termo ou processo, pelo qual alguma coisa, não-self, é reunido na consciência. Toda consciência de um processo pertence a este sentido de mediação." (CP 7.544)

A questão formulada a esta altura é se esta lista é suficiente para explicar toda a variedade de formas da mente consciente.

> "Não existem outras formas de consciência exceto as três mencionadas: Feeling, Altersense, e Medisense. Eles formam um tipo de sistema. Feeling é o conteúdo momentâneamente presente da consciência tomado em sua simplicidade pristina, à parte qualquer outra coisa. É a consciência em seu primeiro estado, e poderia ser chamada primisense. Altersense é a consciência de um outro diretamente presente, ou segundo. Medisense é a consciência de uma terceiridade, ou meio entre primisense e altersense, indo do primeiro para o último. É a consciência de um processo de trazer à mente. Feeling, ou primisense, é a consciência da primeiridade; altersense é a consciência da alteridade ou secundidade; medisense é a consciência de significados, ou terceiridade." (CP 7.551)

Os elementos podem ser esquematicamente distribuídos assim:

Ms.	data	Primeiridade	Secundidade	Terceiridade
901	1885	*Feeling*	Esforço	
359	1866	*Feeling*	Esforço	Concepções / noções
909	1890	*Feeling* imediato	Sentido de polaridade	Consciência sintética
1099	1891	Qualidades de *feeling*	Reação (volição e experiência)	Aquisição de hábitos

445	1898	Qualidades de *feeling* – imediata	Sentido de reação entre dentro e fora: esforço e choque da experiência	Consciência de hábitos formação ou consciência de aprendizagem
908	s/d	Pensamentos puros e simples	Sensações /	Paixões
1105	s/d	*Feeling*	Ações	Pensamento
1106	s/d	*Feeling*	Esforço	(modo intelectual)
1107	s/d	*Feeling* / Premisense	Sentido de alteridade	Sentido de mediação
Peirce James	1909	Sentido de qualidade	Molition	Reconhecimento de hábito

Tabela 2: Organizada por Houser (1978), Apêndice 3: "As Categorias na Psicologia".

4. Conclusão

Peirce prova que a lista de categorias é completa, que seus elementos — primeiridade, secundidade, terceiridade — são irredutíveis, e que duas propriedades (genuinidade e degeneração) são suficientes para descrever todas as suas variações. Esta lista constitui um sistema exaustivo de relações excludentes (relações 3-ádicas, 2-ádicas e 1-ádicas), que são as fundações formais de sua filosofia arquitetônica. Uma inspeção é conduzida, através da faneroscopia, a partir dos resultados de uma fase dedutiva de investigação — que três categorias são necessárias e suficientes para explicar toda a variedade de fenômenos observados na mente, e na consciência, é uma hipótese cujas investigações conduzidas pela faneroscopia, "em notável analogia com as combinações químicas" (CP 5.469), e baseada nos resultados de experimentos formais (lógica das relações e GE), confirmam.

Trata-se da validação da tese sobre as relações, e sobre a forma das relações (CP 4.530). Esta questão, que pode ser resumida em como um problema matemático afeta um problema não matemático, no sentido amplo que Peirce atribui à natureza desta ciência,[64] envolve a inspeção e a descoberta de um "triadismo" na natureza, e baseia-se no que Pape (1997) chama de "isomorfismo estrutural" entre os processos do pensamento e a realidade (NEM 4: 343-5) -- os "dois lados da mesma moeda" (CP 1.420; 5.283, 5.105).

Este tópico, por sua importância, deveria ocupar uma seção ainda muito maior deste trabalho. Mas ele exigiria uma análise mais cuidadosa das metodologias implicadas na categorialogia,[65] da codificação do sistema filosófico de Peirce na classificação das ciências,[66] e de uma investigação mais minuciosa do sinequismo. A questão pode ser assim sumarizada: a metafísica científica de Peirce, concebida como uma metafísica geradora de hipóteses (Putnam 1991: 85), descreve como o comportamento regular de fenômenos que apresentam uma tendência geral para formar padrões segue um princípio geral (CP 2.170), um princípio independente de nível e de escala de descrição, ou organização (CP 1.354). O que nos interessa, neste ponto, é que a inspeção de uma equivalência entre as noções de signo e de irredutibilidade relacional entre os termos que constituem uma tríade, exige uma definição precisa de (i) relação, (ii) tipos de relação (relações irredutíveis), (iii) construção (composição) de relações, e, em conexão com uma metodologia baseada em diagramas, (iv) métodos de observação, e descrição, de relações. A correspondência, à qual vou dedicar os próximos capítulos, entre signo e relação triádica, classe de signo e variações desta relação (triádica), exige um tratamento bastante negligenciado pela comunidade de autores interessados na semiótica de Peirce — aquele que, desenvolvido através de diversas notações, investiga as propriedades formais das categorias. O próximo passo é correlacionar tais propriedades com o signo e com as classes de signos, para perguntar: qual "a natureza essencial e fundamental de todas as variedades de possíveis semioses" (CP 5.488)?

[64] Hookway (1985: 181-207).
[65] Rosenthal (1997, 2001).
[66] Kent (1987).

II

SIGNO E SEMIOSE

Signo e semiose como relação, ação, processo. Modelos: estruturas diagramáticas. Semiose: "competing icons". Restrições empírico-teóricas.

As noções de signo e semiose (ação do signo) envolvem diversos componentes, interdependentes, da filosofia de Peirce — terceiridade, *continuum*, relação triádica, inferência, lei, hábito — desenvolvidos em diferentes domínios — matemática, lógica, fenomenologia, semiótica, metafísica — em diversas fases. Meu propósito aqui é (i) definir signo e semiose, (ii) definir, brevemente, "modelo", (iii) apresentar diversos modelos da semiose, de acordo com diversos autores, (iv) comparar as soluções destes autores, de acordo com restrições criadas pela teoria das categorias, (v) introduzir o modelo de semiose como fenômeno emergente, em associação com uma teoria hierárquica multi-nível.

1. Representação — uma entidade sobre alguma coisa

Há obviamente muitas formas de responder a pergunta "o que é uma representação?", seus correlatos e variações, formulados em diferentes domínios, científicos e filosóficos, e muitos paradigmas: "internalistas & externalistas", "cognitivistas & conexionistas", "atomistas & holistas", "substancialistas & processualistas". Meu propósito aqui é delimitar o contexto em que o fenômeno é tratado, para abordar mais diretamente as ideias de Peirce sobre a semiose (ação do signo).

Haugeland (1998) define representação como a parte funcional de um sistema que está em correlação com aspectos que variam no mundo. A "parte funcional" baseia-se na propriedade de *aboutness* — uma representação é uma entidade *sobre* alguma coisa. Clark (1997: 144) sumariza assim as idéias de Haugeland: (i) o sistema deve coordenar seu comportamento com características ambientais que não estão sempre "confiavelmente presentes para o sistema" — "se as propriedades relevantes estão confiavelmente presentes e manifestas ao sistema (através de algum signo ou sinal), não importa os ajustes que devem ser feitos, então eles não precisam ser representados"; (ii) concorda com tais casos quando alguma coisa a mais "que está para" estas propriedades regula seu comportamento; (iii) "alguma coisa a mais" é parte de um esquema representacional mais geral que permite que "estar para" aconteça sistematicamente, como parte de um sistema, e permite uma variedade de estados relacionados.

A representação é descrita como um estado interno funcional associado a ajustes ambientais.[67] Muitos autores têm explorado as implicações dessa noção.[68] Como Bechtel (1998: 297) têm observado, os autores, seguindo Haugeland, enfatizam quase sempre o mesmo aspecto — algo, no interior do sistema, "está para" alguma outra coisa, fora do sistema. Uma divisão em modalidades, que separa a relação em classes de relação, sugere dois tipos (excludentes) de entidades ou processos — simbólicos e não-simbólicos.

Em suas análises, Clark & Toribio (1994) definem a representação como uma "sequência de símbolos em um código declarativo e composicional". Esta é uma definição bastante restritiva, que parece funcionar muito adequadamente para descrever diversos sistemas, como línguas naturais, sistemas proposicionais, notações e linguagens artificiais. Selecionei esta definição porque ela é muito exemplar, aceita como um modelo padrão, em diversas áreas, e porque contrapõem-se, de diferentes modos, à definição de "signo em ação", para Peirce. Muitas diferenças poderiam ser enfatizadas. Para começar, examinemos o escopo de fenômenos, entidades e processos, muito distintos, que podem atuar como signos para Peirce:

---

[67] Clark (1997: 463).

[68] Queiroz, Emmeche & El-Hani (2008), Jablonka (2002), Chemero (1999), Agre (1997), Clark (1997).

> "Vamos [incluir], sob o termo 'signo', toda imagem, diagrama, grito natural, dedo apontando, piscar de olhos, nó do lenço, memória, sonho, fantasia, conceito, indicação, *token*, sintoma, letra, numeral, palavra, frase, capítulo, livro, biblioteca, em suma, que esteja no mundo do universo físico, no mundo do pensamento, e que, seja incorporando uma ideia de qualquer tipo (e nos permita usar todo este tempo para cobrir propósitos e sentimentos), ou estando conectado a alguns objetos existentes, ou referindo-se a eventos futuros por meio de uma regra geral, faz com que outra coisa, seu signo interpretativo, seja determinado por uma relação correspondente com a mesma ideia, coisa existente ou lei." (CP 3.153)

A teoria do signo de Peirce também é externalista, processual, e tempo-dependente. Seu modelo é triádico. Para Peirce, a semiose (ação do signo) é uma relação triádica, e um processo inextricavelmente ligado ao tempo.[69] Ela não pode ser definida como uma entidade (unidimensional) estática, que existe na cabeça de agentes ou criaturas semióticas. A semiose depende de artefatos materialmente incorporados, e estendidos, não podendo tratar-se de uma coisa, abstrata ou intracraniana. Esta concepção tem muitas implicações em uma teoria semiótica da mente, que é definida como a incorporação de processos semióticos. Para Peirce, é impossível pensar sem signos, e o pensamento não pode acontecer sem a incorporação material da semiose. Outra importante diferença é que semiose e processos de comunicação são definidos conforme as mesmas "relações teóricas básicas" (MS 318), e incluem não apenas conceitos (legisignos, *types* e signos abstratos), mas também eventos (sinsignos, *tokens*) e qualidades (qualisignos, *tones*).

2. "Leitor, como você define um signo?"

> "Não pergunto como a palavra é ordinariamente usada. Eu quero uma definição como um zoólogo a daria de um peixe, ou um químico de um corpo aromático ou gorduroso – uma análise da natureza essencial de um signo." (EP 2:402)

[69] Para uma abordagem recente deste tópico: Atã & Queiroz (2021, 2019).

São estas algumas das definições de Peirce:

> (i) Um signo "é qualquer coisa que determina qualquer outra coisa (seu interpretante) a se referir a um objeto ao qual ele mesmo se refere (seu objeto) do mesmo modo, o interpretante se tornando por sua vez um signo, e assim por diante *ad infinitum*". (CP 2.303)
> (ii) "Um REPRESENTAMEN é o sujeito de uma relação triádica DE um segundo, chamado de seu OBJETO, PARA um terceiro, chamado de seu INTERPRETANTE, esta relação triádica sendo de tal ordem que o REPRESENTAMEN determina que seu interpretante fique na mesma relação triádica para com o mesmo objeto para algum interpretante". (CP 1.541)
> (iii) "Um Signo, ou Representamen, é um Primeiro que está em uma tal relação genuína com um segundo, chamado seu Objeto, de modo a ser capaz de determinar um Terceiro, chamado seu Interpretante, para assumir a mesma relação triádica com seu Objeto na qual ele próprio está com o mesmo Objeto". (CP 2.274)
> (iv) "Um Representamen é o Primeiro Correlato de uma relação triádica, o Segundo Correlato, sendo chamado de seu Objeto e o possível Terceiro Correlato sendo denominado seu Interpretante, por cuja relação triádica o possível Interpretante é determinado como sendo o Primeiro Correlato da mesma relação triádica para o mesmo Objeto e para algum possível Interpretante". (CP 2.242)
> (v) O signo "é determinado pelo objeto relativamente ao interpretante, e determina o interpretante em referência ao objeto, de tal modo a produzir o interpretante a ser determinado pelo objeto através da mediação do signo". (MS 318: 81)
> (vi) "Um signo é qualquer coisa que determina que alguma outra coisa (seu interpretante) se refira a um objeto ao qual ele próprio se refere (seu objeto) do mesmo modo, o interpretante tornando-se, por sua vez, um signo, e assim *ad infinitum*". (CP 2.303; CP 2.242, 2.274)

Conforme as definições: (1) o signo, ou a semiose (ação do signo), é uma relação; (2) uma relação entre coisas ou processos que podem ser abstraídos como correlatos (termos da relação); (3) são três os termos necessários e suficientes para descrever o signo como uma relação; (4) o signo é uma relação irredutível de três termos; (5) signo, objeto e interpretante são os termos desta relação; (6) o signo é o primeiro termo, o segundo, o objeto, e o terceiro, o interpretante; (7) o interpretante é determinado pelo objeto como uma determinação do signo pelo objeto. De (1) e (2) pode-se inferir: o signo é um padrão — qualidades, eventos, ou tipos —, e qualquer coisa ou processo que é um signo, de qualquer natureza, pode ser descrito como um padrão; de (3), (4) e (5) este padrão é irredutivelmente triádico e S-O-I são seus termos; de (6), os termos da relação são funcionalmente definidos conforme a posição que ocupam relativamente aos outros termos; (7) signos são processos orientados para a ação.

Peirce também define o signo como um meio para a comunicação de uma "forma", ou para comunicação de um "hábito" incorporado no objeto para um intérprete, de modo a restringir seu comportamento:

> "[...] um Signo pode ser definido como um Meio para a comunicação de uma Forma. Como um meio, o Signo está essencialmente em uma relação triádica, para o seu Objeto que o determina, e para o seu Interpretante que ele determina. [...] Aquilo que é comunicado do Objeto através do Signo para o Interpretante é uma Forma; o que significa dizer, não é nada como um existente, mas é um poder, é o fato de que alguma coisa aconteceria sob certas condições". (EP 2: 544, n. 22)

Mas o que é uma forma? Há um movimento de "forma como primeiridade" para "forma como terceiridade". Para Stjernfelt (2007: 37-38), Peirce divide a noção em duas — forma como "mera possibilidade", "anterior a qualquer coisa real", e forma como hábito, referindo-se a uma possibilidade já generalizada, e que governa ocorrências reais. Isto é, forma como primeiridade, anterior a qualquer atualidade, e forma como possibilidade realizada na terceiridade, onde governa a secundidade através de hábitos. Forma também é definida como tendo o "ser do predicado" (EP 2: 544), e é pragmaticamente formulada como uma "proposição condicional", afirmando que certas coisas aconteceriam sob certas circunstâncias (EP 2: 388). Não é uma coisa, mas algo que está incorporado no objeto (EP 2: 544, n. 22) como um hábito, uma "regra de ação" (CP 5: 397), uma "disposição" (CP 2: 170), um "potencial real" (EP 2: 388) ou, simplesmente, a "permanência de alguma relação" (CP 1: 415). O que é comunicado do objeto ao interpretante, por meio do signo, é uma regularidade, que permite a um determinado sistema (cognitivo ou semiótico) interpretar o hábito como indicativo de uma classe de entidades, ou processos, para responder a ela de uma maneira estável.[70]

Tenho, em muitos trabalhos, insistido sobre a necessidade de tratar a filosofia de Peirce como uma filosofia de processo.[71] Na semiótica peirceana, a noção que capta, com maior precisão, uma preocupação processualista com a ocorrência de estabilidades é a noção de hábito. Um hábito é um padrão estável de ação, um "padrão de constrangimentos", e pode assumir a forma de uma "regra de funcionamento" (CP 5.397, CP 2.643), uma disposição para agir de uma maneira sob determinadas circunstâncias. Um hábito é uma regularidade que possui algum grau de estabilidade. A aquisição de regularidades estáveis é descrita como um processo de "incorporação de hábitos", que é probabilístico e cumulativo:

> "[...] todas as coisas têm tendência para adotar hábitos. Essa tendência, em si, constitui uma regularidade e está continuamente aumentando. Ao olhar para o passado, estamos olhando para períodos em que uma tendência era cada vez menos estabelecida. Mas sua própria natureza essencial é crescer. É uma tendência generalizante, e faz com que as ações no futuro sigam alguma generalização das ações passadas; e essa tendência é ela mesma capaz de generalizações semelhantes; e, portanto, é autogenerativa." (EP 1: 277)

Há, no próprio núcleo da noção de semiose, uma tensão entre mudança e estabilidade, por meio do acúmulo de regularidades probabilísticas autogeradas. Esse processo pode ser modelado como um fenômeno emergente e auto-organizado.[72] Para Peirce, "o que algo significa é simplesmente os hábitos que algo envolve" (CP 5.400). Uma consequência direta é que a semiótica de Peirce não se concentra no signo como uma unidade, ou uma entidade substancial, mas na semiose, no processo de ação do signo. Essa distinção é, muitas vezes, desprezada. O "significado" não é uma propriedade do signo, pertencente ao signo. Significados são hábitos de ação Eles emergem da ação do signo.

[70] Tenho sido enfático sobre a importância e o papel da noção de "hábito", na semiose: Atã & Queiroz (2016).

[71] Queiroz & Merrell (2006, 2008), Queiroz & El-Hani (2006b), Atã & Queiroz (2019).

[72] Em diversos trabalhos, simulamos computacionalmente este fenômeno: Queiroz & Loula (2010), Loula (et al. 2010).

Alguns autores já defenderam essa posição. Podemos mencionar Max Fisch (1986: 330), Floyd Merrell (1997), e Sandra Rosenthal (1994). Para Rosenthal (1994: 27), significados devem ser definidos como estruturas relacionais que emergem de padrões de comportamento. Tenho sugerido que o termo "emergência" deveria ser tratado mais tecnicamente, não se referindo apenas à ideia de "criação de novas propriedades".[73] Ao final deste capítulo vou tratar mais cuidadosamente deste tópico. Para adiantá-lo, propriedades emergentes são definidas como uma classe de propriedades de alto nível (macro-estruturais) relacionadas, de uma determinada maneira, à microestrutura de um sistema.[74]

Não farei distinção do signo como primeiro termo da relação triádica, e da relação triádica como signo. De acordo com Johansen (1993: 62), "Peirce usa a palavra 'signo' em um sentido amplo e em um sentido mais estreito. No sentido amplo, 'signo' é usado para designar a relação triádica entre objeto, signo e interpretante. Em um sentido mais restrito, 'signo' denota um elemento, o 'signo' ou 'representamen', dentro da tríade." O signo é um processo, e possui uma estrutura lógica (CP 4.9). Qualquer descrição da semiose envolve, de um modo menos intuitivo que o modelo diádico dominante em ciência cognitiva,[75] na linguística de Saussure,[76] ou na teoria da referência de Frege,[77] uma relação constituída por três termos irredutivelmente conectados (S-O-I), que são os seus elementos mínimos constitutivos.[78] O signo, um "outro", quanto ao objeto que substitui ("fica no lugar de"), determina outro signo, o interpretante, como uma determinação do objeto. Segundo Ransdell (1983: 23), "para Peirce, esta palavra [determinação] carrega, de uma só vez, um sentido causal e um lógico, correspondendo a uma diferença complementar entre observar a 'representação' formalmente, como uma relação, e observá-la dinamicamente, como um ato ou processo de tal

[73] Tratei deste tema em diversas publicações com o filósofo da biologia, Charbel El-Hani; ver: Queiroz e El-Hani (2006a, b, 2007).

[74] Muitos cientistas defendem que o "significado" deve ser considerado em termos de propriedades emergentes em sistemas complexos, adaptativos e auto-organizados (Port 2002, 2009; Bickhard 2007; Briscoe 1998; Merrell 1997). Conforme Kelso (1995: 1) afirma, "símbolos, como redemoinhos em um rio, podem exibir padrões relativamente estáveis ou estruturas que perduram por certo intervalo de tempo; mas não são estáticos nem atemporais".

[75] Deacon (1998: 69-70).

[76] Nöth (1995: 59).

[77] Merrell (1997).

[78] Para uma comparação entre diversas teorias e modelos, ver: Queiroz & Merrell (2009).

ato". Uma determinação também pode ser classificada de acordo com as categorias, como envolvendo acaso, componentes eficientes e finais. A noção de determinação não está restritivamente relacionada à noção de causalidade eficiente.

É, portanto, uma relação de determinação tripla que define a semiose. O interpretante é determinado pelo objeto por meio da mediação do signo (I é determinado por O através de S) (MS 318: 81). Semiose, ou a ação do signo, é o resultado da determinação do signo pelo objeto em relação ao interpretante (O determina S em relação a I), e a determinação do interpretante pelo signo em relação ao objeto (S determina I em relação a O). Suas naturezas (S, O e I) dependem das funções que ocupam na relação. Se a ação do signo é um processo triádico-dependente, no sentido de que conecta irredutivelmente S, O e I, o papel funcional de S só pode ser identificado em uma relação de mediação que se estabelece entre O e I. Em outras palavras, não podemos inferir os papéis de S, O e I de quaisquer relações diádicas (S-I, S-O ou I-O).

A categorialogia de Peirce também fornece uma estrutura lógico-fenomenológica de acordo com a qual é possível descrever a variedade de relações determinativas em termos das categorias modais de possibilidade, atualidade e necessidade, esta última concebida probabilisticamente como "necessidade condicional" (EP 2: 271). Assim, as categorias funcionam como uma lista exaustiva de formas irredutíveis de relações determinativas e, ao mesmo tempo, como uma tipologia de modos (interdependentes) de determinação.

Em diversas passagens, Peirce afirma que um signo é qualquer coisa ou processo interpretado como um signo. Sua "natureza" é definida "na medida em que é interpretado em outro signo" (CP 8.225). Pode-se dizer, aproveitando uma ideia de Rescher (1996: 52), que este modelo descreve um processo que é intérprete-dependente, o "interpretante" da relação triádica. Vimos que, para Peirce (MS 634: 18), o "signo é uma classe que inclui pinturas, sintomas, palavras, sentenças, livros, bibliotecas, sinais, ordens de comando, microscópios, representações legislativas, concertos musicais, performances." Em uma carta, de 1908, para Philip Jourdain, Peirce afirma:

> "Minha idéia de um signo é tão generalizada que desisti de me fazer entender por quem quer que seja, de modo que para considerá-la compreensível, eu a limitei a uma definição em que um signo é qualquer coisa que, de um lado, é determinado (ou especializado) por um objeto e, de outro lado, determina a mente de um intérprete dele, o último sendo assim mediatamente, ou indiretamente, determinado pelo objeto real que determina o signo. Mesmo esta definição pode ser pensada como excessivamente geral." (NEM 3: 886)

Vou diretamente à questão que mais me interessa a partir deste ponto: qual a forma (gráfica) desta relação (signo-objeto-interpretante)?

3. Semiose e seus "ícones de relações"

Esta questão é abordada por Ransdell (s/d: 16) nos seguintes termos: "podemos argumentar que uma descrição verbal do processo da semiose sempre apela, para sua inteligibilidade, para uma esquematização gráfica". Muitos autores tentaram diferentes "esquemas gráficos" para representar o signo e a semiose. Estes modelos podem ser considerados "ícones de relações". Para Spinks (1991: 445), são "construções hipotéticas usadas para entender e prever como um sistema de relações deve funcionar". O problema, aqui, é que embora Peirce tenha conferido um status especial a métodos diagramáticos, que associa ao pensamento abdutivo (CP 4.571), ele não desenvolve um modelo diagramático da semiose. O resultado é uma grande variedade, que parece desencontrada, de abordagens. A diversidade de propostas sugere que há um problema. Entre os diversos modelos conhecidos, posso mencionar: Savan (1987-88), Houser (1987), Deely (1990), Chauvire (1995), Delledalle (1990), Jappy (1989: 147), Pape (1993), Merrell (1997: 13), Johansen (1993), De Tienne (1992), Parker (1998), Balat (2000: 71). A primeira pergunta que se pode fazer é se estes modelos estão tratando de diferentes fenômenos, ou são representações alternativas, que descrevem aspectos complementares de um fenômeno, para diversos propósitos. Neste caso deveriam estar, mas não estão, conectados. Se o que examinamos são modelos, então é uma boa ideia começar por uma definição, mesmo que muito introdutória, de modelo, algumas de suas acepções, e suas principais sub-divisões em esquemas algébricos, topológicos, analógicos, e simulações.

3.1 Modelos: definição, variedades e restrições

Um modelo pode ser definido como uma "representação de um sistema por outro sistema, usualmente mais familiar, cujo funcionamento é suposto ser análogo ao primeiro" (Blackburn 1994: 246). Um modelo é "um tipo de estrutura, ou classe de estruturas, que compartilha certas características gerais" (Van Fraasen 1980: 44). Modelos são parte de estratégias usadas para entender estruturas e processos de evidências, por aproximações através de descrições simplificadas destas evidências. Toda modelização envolve "idealização, simplificação, abstração e sistematização" de um fenômeno, que resulta em sua capacidade para capturar e relacionar "aspectos sistemáticos de sistemas" e de eventos, de diversas naturezas (Weinert 1999: 305). Modelos podem ser estruturas verbais, algébricas, topológicas ou diagramáticas, mas os autores têm sugerido muitas distinções -- modelos conceituais e práticos, modelos icônicos, teóricos e simulações. Fürth (1969) propõe uma distinção entre "modelos funcionais, de estrutura, analógicos, e em escala". A primeira divisão me interessa mais especialmente (verbal / algébrico / topológico). Os exemplos que vou apresentar são estruturas gráficas, com ênfase na "ordenação espacial de seus elementos" (Weinert 1999: 313).

As restrições teóricas que o modelo deve satisfazer são impostas por princípios formais e por análise fenomenológica. São as principais restrições: (i) irredutibilidade da relação triádica (CP 1.346, 2.242, 5.484), (ii) ação e processualidade (CP 5.484), (iii) irreversibilidade (CP 5.253, 5.421), (iv) continuidade (MS 875, Parker 1998: 147), (v) convergência para o objeto dinâmico (CP 1.538), (vi) tendência para o infinito (CP 2.92, 2.303). Relacionados, estes princípios sugerem que a semiose é um processo triádico tempo-dependente, evolutivo, e que tende continuamente para um objeto.

3.2 Muitos modelos da semiose

Para representar a irredutibilidade da relação triádica, Merrell (1995a, 1997, 2001) é um dos autores que mais insistiu sobre a inadequação do triângulo de Ogden-Richards (1923: 11) (figura 2.1). Um triângulo é uma relação de pares de termos, e nenhuma combinação de seus vértices (S-O, I-O, S-I) deve produzir uma relação triádica genuína (S-O-I).

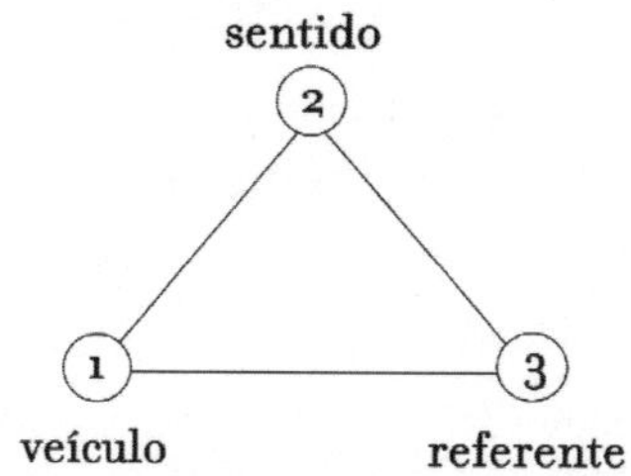

Figura 2.1: Triângulo de Ogden-Richards

O *tripod* (figura 2.2), por sua vez, é a estrutura que melhor representa uma relação deste tipo, embora, para Merrell (1995a: 39), a estrutura topológica do nó borromeano ainda seja a representação mais precisa desta propriedade (figura 2.3):

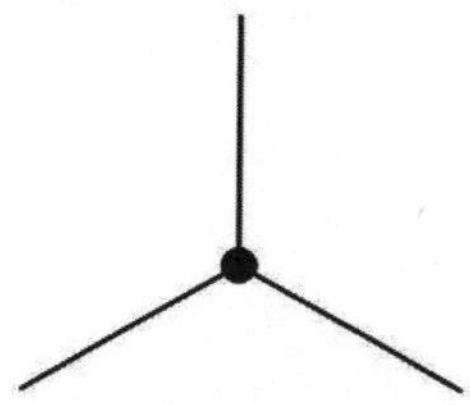

Figura 2.2: tripod

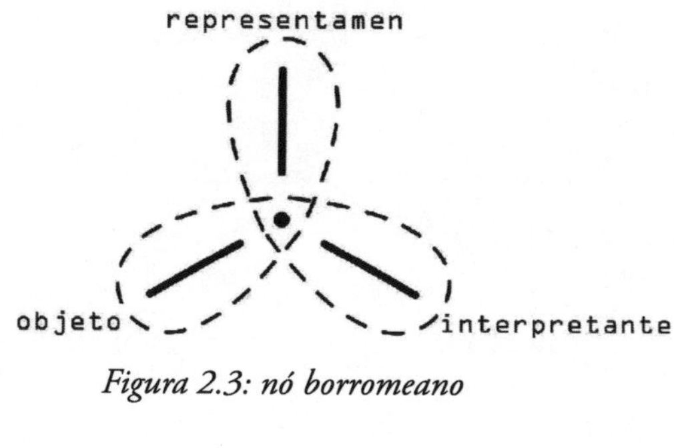

Figura 2.3: nó borromeano

Teridentidade é expresso graficamente por uma linha bifurcada que conecta três termos.[79] Esta propriedade relacional, capaz de reduzir relações poliádicas de qualquer grau, faz parte da prova da irredutibilidade das relações triádicas genuínas, e equivale, na semiótica, a uma relação em que S-O-I são terceiridades. Na relação expressa no triângulo de Ogden-Richards (1923: 11), três díadas "meramente co-existem", não constituindo um "fato triplo" -- "uma estrada com uma bifurcação é um análogo de um fato triplo, porque ela traz três termos em relação, uns com os outros" (W 5: 244; NEM 4: 307).

De Tienne (1992) sugere a idéia de "monismo semiótico": o signo é algo interpretado como um signo, e os elementos da relação têm suas naturezas definidas pela posição relativa aos elementos da tríade, de acordo com a interpretação sobre seus papéis. Embora os elementos da tríade reflitam, em uma correspondência com as categorias, níveis de complexidade estabelecidos por relações não-recíprocas de hierarquia, são relações funcionais dependentes da análise da tríade que definem suas naturezas.

> "em uma tríade, as categorias são vistas em seus aspectos elementares de primeiro, segundo e terceiro, cada um dos quais é considerado na função particular que realizam sem consideração pela identidade específica dos outros dois elementos. [...] A função de um certo elemento pode variar dependendo da perspectiva tomada como análise da tríade". (De Tienne 1992: 1292)

Se, como vimos, os correlatos (S-O-I) da tríade genuína são "terceiridades", como definir a posição relativa dos correlatos? O interpretante, para Peirce (MS 339: 533), é definido como "aquilo que traz o signo em relação com o objeto"; o signo "é determinado pelo objeto relativamente ao interpretante, e determina o interpretante em referência ao objeto" (MS 318: 81). Mas, como afirma De Tienne (ibid.), "encontramos Peirce afirmando que o signo é um 'Priman' que é segundo para o objeto dinâmico e terceiro para o objeto imediato, para o interpretante (MS 793: 13)". Em outra passagem, Peirce afirma que o "objeto e o interpretante são meramente os dois correlatos do signo, um sendo o

[79] Brunning (1997: 257).

antecedente e o outro o consequente do signo" (MS 318: 82). Deve haver três tipos "complementares" (De Tienne ibid.: 1296, figura 2.4) de mediação: (i) o signo faz a mediação entre O e I; (ii) o objeto faz a mediação entre S e I; (iii) o interpretante faz a mediação entre S e O.

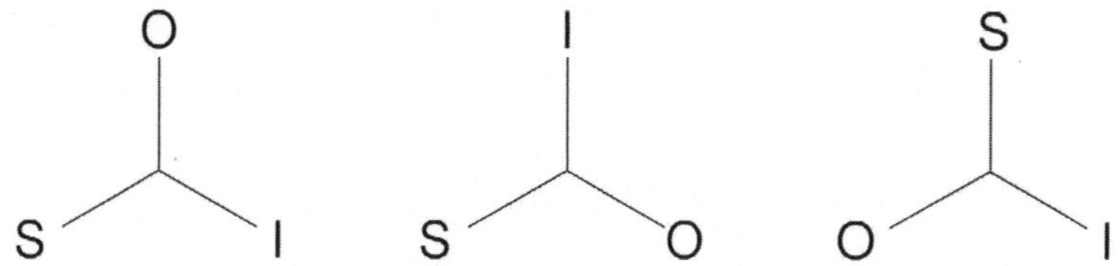

Figura 2.4: Modelo baseado em tipos "complementares" de mediação.

Na primeira, "a mais frequente interpretação da epistemologia semiótica de Peirce", "O é revelado apenas através da semiose"; na segunda relação, "O é considerado como o fundamento comum, que dá a S o poder de se referir a I, e a I o poder para representar S como representando o mesmo O que I, ele próprio, representa"; na terceira, "I media entre S e O" e o interpretante "é definido como 'representação de mediação' que representa o signo que ele interpreta como um signo do mesmo objeto que ele próprio representa" (De Tienne 1992: 1296-97). As relações, reunidas, sugerem o modelo:

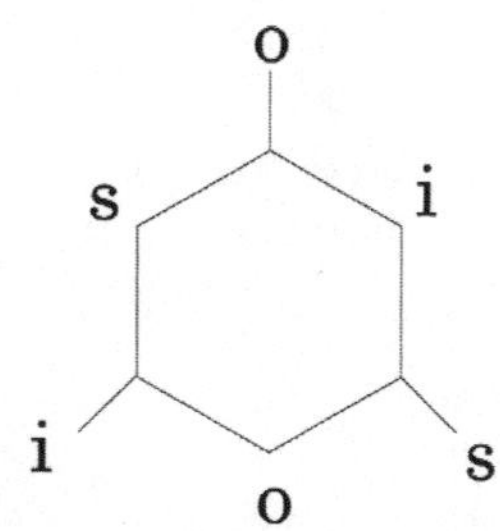

Figura 2.5: Reunião de relações triádicas.

Mas se a semiose é também um processo, envolve tempo. Segundo Pape, "cada um dos três correlatos é um aspecto e, simultaneamente e não-simultaneamente, uma fase no processo de formação sígnica e de interpretação; [a semiose] é evolucionária porque toda a semiose é, ela própria, parte de uma sequência possivelmente ilimitada de tais processos". A introdução de conexões orientadas (setas) parece satisfazer esta restrição, ao estabelecer "ordens de determinação" (Chauviré 1995: 75) entre os termos da relação. Diversas soluções são propostas (Figuras 2.6, 2.7, 2.8).

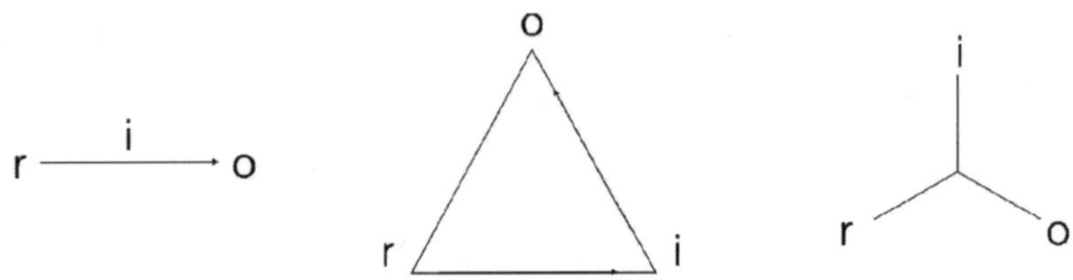

Figuras 2.6, 2.7, 2.8: Diversos modelos de relação R (representamen)-O-I (ver Réthoré 1980: 33).

Mas como representar uma relação em que o interpretante torna-se, ele próprio, signo de uma relação triádica subsequente, para o mesmo objeto do signo da relação precedente, e assim sucessivamente *ad infinitum* (CP 2.303)? Esta propriedade, "teleológica e normativa" (Pape 1993: 586), aparece no modelo de Parker (1998: 147; Figura 2.9):

> "cada interpretante subsequente é requerido como o finalizador da função sígnica prévia, e cada signo, por sua vez, requer a produção de signos interpretantes ulteriores. [...] O último interpretante estaria na mesma relação com o objeto, como o primeiro signo esteve. Isto é certamente concebível se postulamos que cada função do signo é um processo infinitesimal. Não deveria existir qualquer diferença discernível entre as interpretações sucessivas que estão imediatamente conectadas."

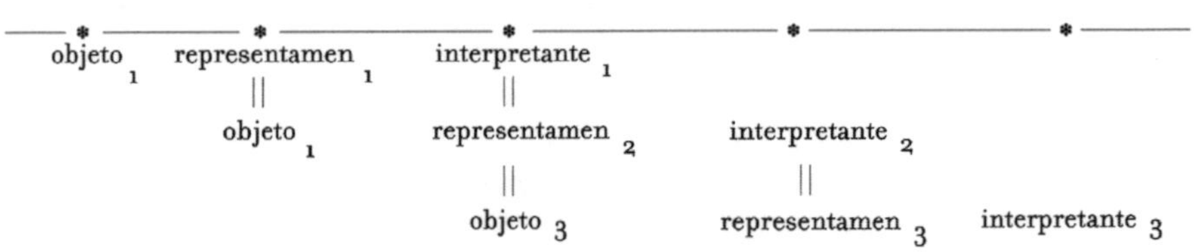

Figura 2.9: Semiose ad infinitum

Mas não vemos, no modelo de Parker, qualquer propriedade "triádica". Vimos que o interpretante se relaciona com seu objeto através de um signo que ele interpreta. Se este signo está em uma relação deste tipo com seu objeto, então ele é um interpretante do objeto cujo signo ele também interpreta. O modelo (acima) descreve com precisão a idéia de que para todo signo "existe um signo antecedente do qual ele é um interpretante, e um signo consequente que é seu interpretante" (Savan 1987-88: 43). Mas não há qualquer indicação da irredutibilidade das relações triádicas. Balat (2000: 71), para representar esta propriedade, faz o seguinte diagrama:

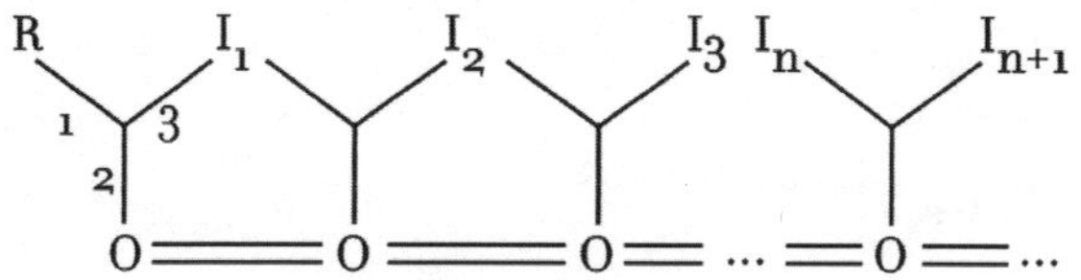

Figura 2.10: Modelo das relações triádicas, relativamente ao mesmo objeto.

Savan (1987-88: 26), que define o objeto de um signo "como aquele item específico, dentro de seu contexto, para o qual todo interpretante do signo está relacionado colateralmente", propõe o modelo:

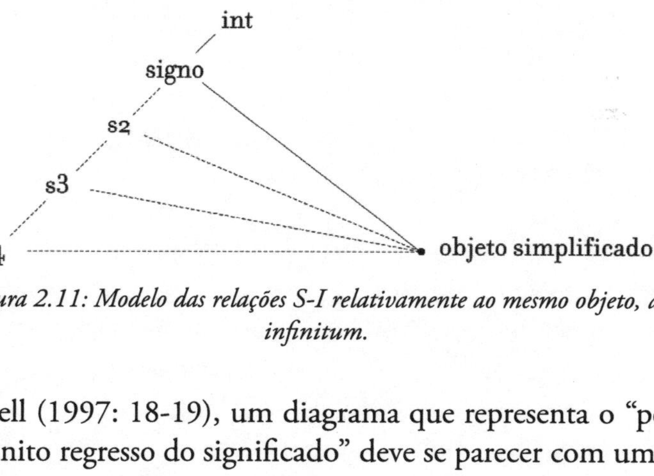

Figura 2.11: Modelo das relações S-I relativamente ao mesmo objeto, ad infinitum.

Para Merrell (1997: 18-19), um diagrama que representa o "potencialmente infinito regresso do significado" deve se parecer com um "padrão de rede":

> "I1, o original representante de R1, torna-se ele próprio um signo, e deve por sua vez engendrar seu próprio I. Vamos chamar este interpretante de I11. O I11, durante o processo, torna-se outro signo,

R2, e seu interpretante, I2, por sua vez torna-se o interpretante de I11, que é insignificantemente diferente do interpretante original — ele passou adiante e para dentro de I2, e para dentro de outro signo, R3. E assim por diante".

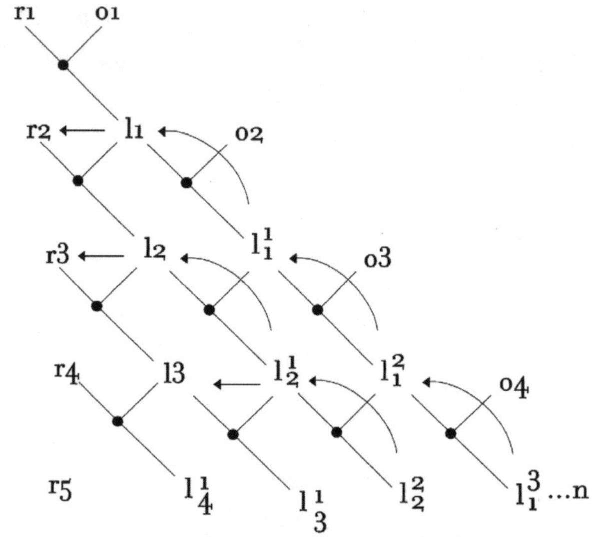

Figura 2.12: Semiose como uma "rede"

3.3 Novos modelos a partir das subdivisões do objeto e do interpretante

Nenhuma das construções (acima) considera as divisões estabelecidas por Peirce sobre diferentes tipos de interpretante e de objeto. Essas divisões têm uma relevância indireta neste trabalho. A divisão do objeto (dinâmico e imediato) permite observar a determinação do signo pelo objeto, sob dois aspectos. Uma vez "tricotomizados", estes aspectos vão estruturar as vinte e oito e sessenta e seis classes de signos, que vou abordar no Capítulo IV. O signo é definido como podendo "denotar um Objeto perceptível, somente imaginável, ou mesmo inimaginável" (CP 2.230). Peirce propõe uma divisão em que o objeto é observado "dentro e fora" do signo como termo da relação triádica que define a semiose:

> "Nós devemos distinguir entre o Objeto Imediato — i.e., o objeto como representado no signo — e o Real [...] o Objeto Dinâmico, que, da natureza das coisas, o Signo não pode expressar. Ele pode apenas indicar e deixar o intérprete descobri-lo por experiência colateral". (CP 8.314)

Quanto à subdivisão do interpretante, este é um tópico que tem recebido apenas mais recentemente alguma atenção dos especialistas. Algumas das perguntas incluem: quais são os tipos fundamentais de interpretantes? Que classes de "efeitos" (CP 5.473, 5.475, 2.228) um signo é capaz de produzir? Como relacioná-los? O interpretante imediato é o efeito não analisado (LW: 110) de um signo; o interpretante dinâmico é o efeito real do signo (CP 4.536); o interpretante final refere-se ao modo como "o signo tende a representar a si mesmo como relacionado a seu objeto" (CP 4.536), estabelecendo regras para agenciar a "interpretação do signo".

Para ter uma idéia das variações terminológicas e conceituais das divisões do interpretante, segundo Liszka (1996: 25),

> "uma das divisões primárias é a seguinte: 'imediato', 'dinâmico', 'final' (CP 8.314, MS 339d: 546-547, LW 109-111), o interpretante imediato algumas vezes é chamado 'felt', (CP8.369), 'naïve' (MS 499:47), ou 'rogate' (MS 499:47); o interpretante dinâmico também é chamado 'médio' (NEM 4:318); o interpretante final é algumas vezes chamado 'eventual' (CP 8.372), 'normal' (CP 8.343), 'ultimate' (CP 8.314). Outra importante divisão é entre 'emocional', 'energético', e 'lógico' (CP 5.475-476, MS 318: 35-37), e o lógico é subdividido em 'primeiro', 'inferior', e 'segundo mais-alto', 'terceiro', e 'ultimate (MS 318: 169-171). Outras divisões incluem 'intencional', 'efeitual', e 'comunicacional' (LW 196); 'destinado', 'efetivo', 'explícito' (LW 84)."

É uma questão em aberto se esta variedade terminológica corresponde a uma variação teórica. O argumento mais aceito, conforme afirma Fitzgerald (1966: 78), que foi o primeiro a se debruçar sobre o problema, é que todas as divisões são sinônimas e análogas à divisão "interpretante imediato - dinâmico - final".[80] Mas é duvidoso se este argumento se sustenta, tendo em vista o tratamento que Peirce confere ao uso de novos termos (LW

[80] Liszka (1996: 120), Atkin (2016: 153)

23). A posição de Ransdell (1983: 41) difere da posição mais corrente, já que considera duas divisões — "imediato, dinâmico, final" e "emocional, energético, e lógico" — "as variações em suas numerosas tentativas para formular a tricotomia do interpretante, ou, como alguns comentadores argumentam, duas tricotomias do interpretante. Isto indica que Peirce se deparou com o problema de ter de acomodar diversas necessidades teóricas e não conseguiu esclarecer precisamente onde coincidem, ou qual a base de todas elas." Para Short (1981: 213), os interpretantes emocionais, energéticos e lógicos, são subdivisões dos interpretantes imediato, dinâmico e final:

> "[A] possibilidade em que consiste a interpretabilidade de um signo poderia ser um possível *feeling*, uma possível ação, ou um possível pensamento. Similarmente, os interpretantes que são efetivamente formados, podem ser *feelings*, atos, ou palavras, pensamentos, hábitos. É verdade que um *feeling*, em si-mesmo, é algo menos do que uma realidade, enquanto uma lei, ou hábito, é algo mais do que qualquer série de existentes. Contudo, *feelings* acontecem, assim como hábitos, e leis são formadas, modificadas, destruídas. Portanto, um interpretante dinâmico, que pode ser emocional ou lógico, não precisa, em todos os casos, ser energético. Do mesmo modo, o interpretante final poderia, dependendo do signo e do objetivo da interpretação, ser um *feeling*, um ato, ou um pensamento, que seria o interpretante idealmente adequado. Então, as duas tricotomias se interseccionam, produzindo nove tipos distintos de interpretantes".

Liszka (1996: 120), ao argumentar que o interpretante dinâmico não é o único interpretante a produzir um efeito, embora seja o único a produzir um "efeito efetivo", afirma, em uma crítica a Fitzgerald, que pode ser, parcialmente, estendida a Short:

> "Creio que existe uma confusão na interpretação de Fitzgerald entre 'feeling', ação, ou pensamento como um interpretante singular, entendido como produto, e emocional, energético ou lógico como tipos de interpretantes. Se um pensamento é o efeito não analisado de um signo (imediato), isto não o torna um interpretante lógico, mas, ao invés disso, um interpretante imediato que 'acontece' como um pensamento. Uma vez que, para Peirce, é muito claro que o 'interpretante [dinâmico] deriva seu caráter da categoria Diádica, a categoria da ação' (CP 8.315), e já que a 'ação não pode ser um

interpretante lógico' (CP 5.491), então o interpretante lógico não poderia ser uma sub-divisão do interpretante dinâmico. 'O interpretante dinâmico é um singular, um evento real' (LW 111)".

Santaella (1995: 110) opta pela divisão sugerida por Short (também por Johansen) e propõe o seguinte esquema:

1. Imediato
   1.1. Emocional
   1.2. Energético
   1.3. Lógico (em termos de possibilidade ainda indefinida)
2. Dinâmico
   2.1. Emocional
   2.2. Energético
   2.3. Lógico (em termos de efeito realmente produzido)
3. Final
   3.1. Emocional
   3.2. Energético
   3.3. Lógico (em termos de propósito a ser preenchido)

Mas o que me interessa, aqui, é a incorporação destas subdivisões aos modelos gráficos. Liszka (1996: 32; figura 2.13), Jappy (1989: 147), e Pape (1993) são, até onde conheço, os únicos autores a levar em consideração estas subdivisões.

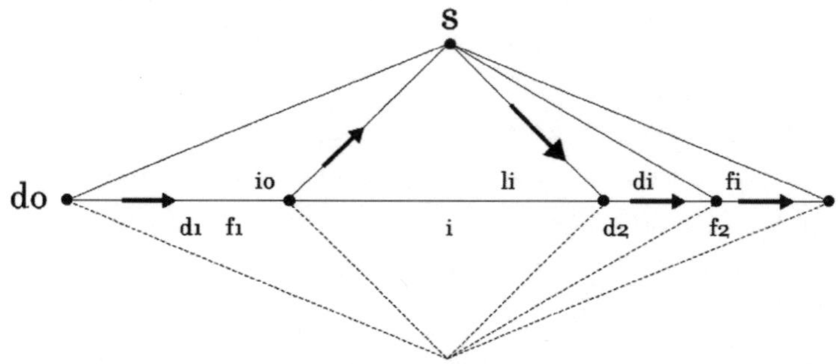

Figura 2.13: As setas indicam uma "ordem de determinação" entre os termos da relação, que incluem "objeto dinâmico" (do), "objeto imediato" (io), signo (s), "interpretante imediato" (Ii), "interpretante dinâmico" (Ii), "interpretante final" (fi).

4. Discussão

Como representar, através de forma geométrica, estrutura gráfica ou diagramática (nós e conexões), o arranjo de elementos que constitui o signo, é uma questão cujo tratamento recorrente sugere a medida de sua importância. Para Peirce,

> "Devemos começar levantando noções diagramáticas dos signos, das quais retiramos, numa primeira instância, qualquer referência à mente, e depois que tivermos feito aquelas noções tão distintas como é a nossa noção de número primitivo, ou a de uma linha oval, podemos então considerar, se for necessário, quais são as características peculiares de um signo mental, e, de fato, podemos dar uma definição matemática da mente, no sentido de que podemos dar uma definição matemática de uma linha reta". (*apud* Fisch 1978: 56)

Parece que só é possível uma abordagem consistente deste tópico dividindo os problemas em subproblemas, para tratá-los separadamente, passo a passo. Minha primeira sugestão é considerar o que chamei acima de "restrições teóricas", uma etapa que envolve ajustes conceituais. Dividi as restrições em seis tópicos: (i) irredutibilidade da relação triádica, (ii) ação e processualidade, (iii) irreversibilidade, (iv) continuidade, (v) convergência para o objeto dinâmico, (vi) tendência para o infinito. Certamente outras propriedades podem ser listadas (e.g., generalidade, vaguidade, etc), mas suas seleções, neste contexto, devem ser orientadas em termos de suas contribuições para discussão dos modelos.

A variedade de modelos sugere que há um problema. Mesmo sobre a questão aparentemente mais simples, sobre a forma das relações de determinação em S-O-I, há diversas, e incomensuráveis, abordagens. Quando novos componentes (objetos e interpretantes) são considerados, parecem ainda maiores as dificuldades. Como adequar as propriedades que caracterizam a semiose em um modelo gráfico? Por exemplo, uma vez que a estrutura irredutivelmente triádica da relação S-O-I deve ser expressa por uma linha que se bifurca (cf. teridentidade), como adicionar "tempo" a esta estrutura? A forma de teridentidade funciona como um modelo da irredutibilidade da relação triádica S-O-I, mas nada informa sobre temporalidade, irreversibilidade, ou ordem de determinação entre os termos da relação. Pode-se abandonar estruturas desse tipo (figura 2.13),[81] ou adaptá-la, incorporando novos componentes gráficos (figura 2.12). Tais modificações, como é uma prática, não estão baseadas na adoção de um vocabulário gráfico adaptado às condições que, como modelos visuais, devem satisfazer, nem há qualquer sugestão de que "completam" ou "incrementam" soluções já aceitas.

Abordei, até aqui, a forma da relação sígnica. Isso deve ser considerado uma etapa preliminar, necessária, de sistematização do problema. No próximo capítulo, vou abordar as "variedades fundamentais" (CP 5.488) desta forma. Meu propósito, na próxima seção, é introduzir meu próprio modelo (gráfico) da semiose, compatível com uma teoria hierárquica e emergentista. Seu desenvolvimento teve início em uma colaboração com Antônio Gomes e Ricardo Gudwin, no Departamento de Engenharia de Computação e Automação Industrial, da Faculdade de Engenharia Elétrica e de Computação (UNICAMP).[82] Seguiu-se uma abordagem mais filosófica com Charbel El-Hani, no Instituto de Biologia (UFBA), e um novo tratamento, mais recente e aplicado, com Pedro Atã (Departamento de Linguística da Free State University, África do Sul)[83]

Em muitos trabalhos, discutimos em que sentido a semiose pode ser caracterizada como um processo "emergente". Embora importante, esta é uma questão que não tem recebido um tratamento técnico rigoroso. Dela, depende outra questão, frequentemente formulada: como e porque a semiose emergiu em sistemas ou criaturas semióticas? É uma suposição que a semiose possa ser descrita como um processo, e como uma propriedade, emergente. Muitos autores têm sugerido que, dessa tese, dependem diversos componentes da própria metafísica evolutiva de Peirce. Uma generalização dela fornece subsídios à ideia de que o aparecimento de sistemas ou criaturas semióticas, capazes de processar, manipular, ou interpretar signos, é um acontecimento que

[81] Jappy (1989: 147), Pape (1993).
[82] Gomes, Gudwin & Queiroz (2003).
[83] Atã & Queiroz (2019, 2016), Queiroz & El-Hani (2006b).

faz sentido apenas em uma metafísica evolucionária, e da suposição de que há um momento em que não encontramos semiose, sistemas ou criaturas semióticas, no universo, e transitamos para uma fase em que há semiose.

Explorei, especialmente com Charbel El-Hani,[84] os pré-requisitos da própria formulação desse problema, discutindo as condições teóricas que deveriam ser satisfeitas para que a semiose pudesse ser caracterizada como um processo emergente. Sumarizamos as teorias da emergência elaborada por Stephan (1999, especialmente capítulo 3; 1998), e apresentamos um modelo para a emergência da semiose, baseado no estruturalismo hierárquico de Stanley Salthe (1985). É este modelo que vou introduzir aqui.

5. Modelo Peirce-Salthe multinível da semiose

Salthe é um influente filósofo da ciência. Sua área principal de atuação são sistemas biológicos complexos. Para Salthe (1985: 35-37), o desenvolvimento da ciência teve lugar sobretudo em termos do que é chamado de organização "nomotética" — identificação de regularidades observacionais que permitem a formulação de leis e a proposição de teorias para explicá-las. Essa tendência requer uma "ideografia". Ele sugere, como complemento ideográfico adequado para uma ciência organizada nomoteticamente, o que chama de "estruturalismo hierárquico" (Salthe 1985: 21). Salthe elabora um estruturalismo hierárquico triádico sob clara influência Peirceana. Esse sistema cumpre o papel de abordagem ideográfica para descoberta de princípios gerais de restrição (*constraints*) onde operam certas leis.

De acordo com o sistema triádico de Salthe, para descrever as interações fundamentais de uma certa entidade, ou processo, é necessário: (i) considerá-lo no nível em que é efetivamente observado ("nível focal"); (ii) investigá-lo em termos de suas relações com suas partes, descritas no nível imediatamente inferior; (iii) considerar as entidades e processos no nível imediatamente superior, em que estão

[84] Queiroz & El-Hani (2005, 2006 a,b, 2007), El-Hani & Queiroz (2005), El-Hani, Queiroz & Emmeche (2006).

"imersos" no nível focal. Para Salthe, os níveis inferior e superior exercem influências restritivas (*constraining*) sobre a dinâmica das entidades e/ou processos no nível focal. Essas restrições permitem explicar a emergência de entidades e processos (por exemplo, a semiose) no nível focal. É clara a correspondência entre a estrutura hierárquica de Salthe e as categorias de Peirce. Níveis micro-semióticos devem garantir que signos apresentem comportamentos de indeterminação e, nesse nível, "iniciam-se" os processos semióticos. A associação com a primeiridade é direta. Em níveis focais, os processos são espaço-temporalmente instanciados, produzindo *tokens*, que são exemplos de secundidade. Níveis macro-semióticos, de terceiridade, garantem "generalidade e temporalidade" aos processos, que se tornam histórico e contexto-dependentes.

A escolha do nível focal e, conseqüentemente, a definição dos níveis imediatamente inferior e superior, depende de uma decisão do pesquisador, que varia de acordo com os interesses e propósitos da investigação (Figura 2.14). Pode-se dizer que o estruturalismo hierárquico de Salthe incorpora uma visão claramente pragmatista. Assim, a postulação de que há propriedades e processos emergentes baseia-se em compromissos ontológicos relacionados às circunstâncias epistêmicas em que foram construídas.[85] Nesse modelo, há um claro problema de escala de observação: variar o nível focal permite ver a terceiridade (macro) do que pode ser considerado em sua secundidade (focal), e assim por diante. A implicação é que a semiose é composta de semiose que é composta de semiose, sem qualquer "nível basal", ou fundamental, que escape à semiose. Trata-se de uma forma de conceber uma hierarquia de níveis e considerar a escala, ao mesmo tempo que trata a semiose como um processo irredutível.

[85] A visão de Salthe parece, assim, bastante compatível com a visão realista pragmatista proposta por El-Hani & Pihlström (2002), que afirmam que a ontologia das propriedades e processos emergentes deve ser epistemologizada, existindo no contexto de práticas ontologicamente relevantes.

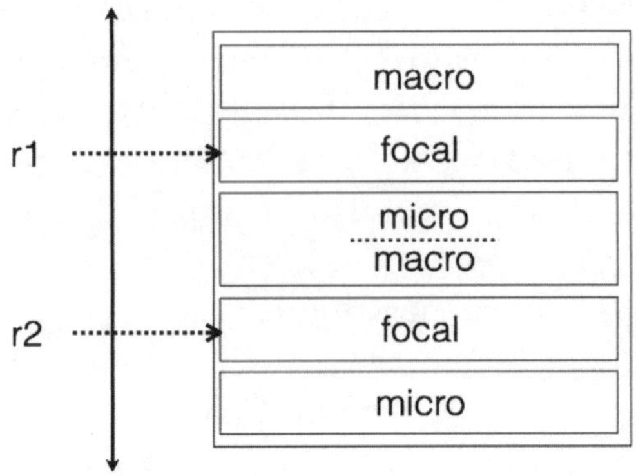

Figura 2.14: Neste gráfico, o micro-nível r1 é constituído por redes de r2. r1 e r2 designam, portanto, graus móveis de resolução observacional. Isso significa que o observador, ao eleger um nível de organização ou descrição do fenômeno examinado, de uma certa resolução, estabelece seus níveis imediatamente inferior e superior.

No nível inferior, as condições de restrição correspondem a "possibilidades" ou "condições iniciadoras" (*initiating conditions*) dos processos, enquanto as condições de restrição estabelecidas pelo nível superior estão relacionadas ao papel do ambiente, e história, seletivos. Essa classe de restrições corresponde às "condições de contorno" que coordenam, ou regulam, a dinâmica no nível focal. De acordo com este sistema, os processos que "emergem" no nível focal são instanciados por meio da interação entre o que têm lugar em níveis imediatamente superiores e inferiores. Os fenômenos observados no nível focal devem estar "entre as possibilidades engendradas por permutações de condições iniciadoras possíveis estabelecidas no nível imediatamente inferior" (Salthe 1985: 101). Processos observados no nível focal estão imersos em um ambiente de nível superior, que seleciona, entre os estados potencialmente criados pelos componentes no nível inferior, aqueles que serão efetivamente realizados (*tokens*). Para Salthe (1985: 101), "o que realmente emergirá será guiado por combinações de condições de contorno impostas pelo nível imediatamente superior". A regulação de um processo no nível focal por condições de contorno estabelecidas pelo nível superior é entendida aqui como um tipo de processo seletivo. Suponha que uma relação causal entre um dado elemento de um sistema, A, e outro elemento do mesmo sistema, B, seja regulada. Essa relação é entendida, nesse contexto, como a seleção de B como o efeito de A, entre uma coleção de efeitos possíveis, pelas condições de contorno estabelecidas por estruturas de nível superior, nas quais a relação causal está inserida.[86] A figura 2.15 (abaixo) mostra um esquema das relações determinativas.

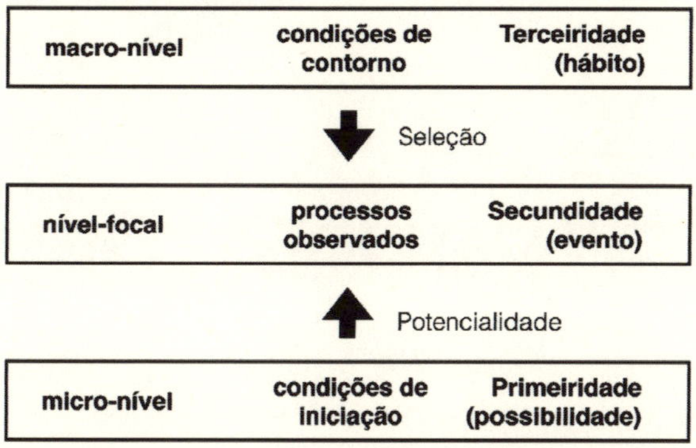

Figura 2.15: Esquema das relações de determinação. O nível focal não é somente restringido por condições de contorno estabelecidos pelo nível superior como também estabelece as possibilidades para sua constituição. Similarmente, o nível focal não somente é constituído por meio de possibilidades estabelecidas pelo nível inferior como também estabelece condições de contorno para seus processos.

Consideremos que um certo processo deve ser localizado no nível em que ele é efetivamente observado, o "nível focal". Processos semióticos no nível focal são descritos como "cadeias de tríades". Podemos discutir a relação entre processos semióticos no nível focal e entidades e/ou processos no nível imediatamente inferior ("nível micro-semiótico") e no nível imediatamente superior ("nível macro-semiótico"). Neste último, são descritas redes de cadeias de tríades, nas quais os processos semióticos no nível focal estão imersos. No nível micro-semiótico, devem ser consideradas as relações de determinação que têm lugar em cada tríade S-O-I. As relações de determinação provêem o modo como os elementos (S-O-I) estão arranjados. Como vimos, o interpretante é determinado pelo objeto através da mediação do signo (MS 318: 81). Há

[86] Essa ideia baseia-se nas contribuições de Polanyi (1968) e Campbell (1974), e está relacionada ao problema da "causação descendente", que tratei com El-Hani em outros trabalhos: Queiroz & El-Hani (2012), El-Hani & Queiroz (2005).

duas relações determinativas: a determinação do signo pelo objeto relativamente ao interpretante e a determinação do interpretante pelo signo relativamente ao objeto.

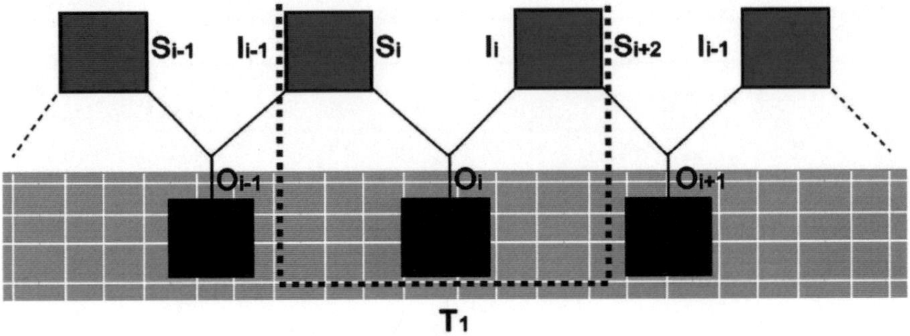

Figura 2.16: Cadeia exibindo três tríades (Oi-1/Si-1/Ii-1; Oi/Si/Ii; a área em cinza, sugere a persistência do objeto.

No nível micro-semiótico, deve-se considerar que, dadas as posições relativas de S, O e I, uma tríade $t_i = (S_i, O_i, I_i)$ somente pode ser definida no contexto de uma cadeia de tríades $T = \{..., t_{i-1}, t_i, t_{i+1},...\}$ (Figura 2.16).[87] Como Savan (1987-88: 134) afirma, um interpretante é o terceiro termo de uma relação triádica e o primeiro termo (signo) de uma relação triádica subseqüente. Essa é a razão pela qual a semiose não pode ser definida em uma tríade isolada; ela necessariamente envolve cadeias de tríades. Isso indica que a semiose pode ser caracterizada como processo sistêmico, encontrado somente no nível focal, mas não no nível das partes que a compõem, as tríades em potencial no nível micro-semiótico. A micro-semiose estabelece as condições de iniciação dos processos semióticos. Cada cadeia de tríades indica o mesmo objeto dinâmico, por meio de diversos objetos imediatos, como representados em cada tríade. As possibilidades de indicação de um objeto dinâmico são restringidas pelas relações de determinação em cada tríade. Assim, o modo como O determina S relativamente a I, e S determina I relativamente a O, e como I é determinado por O por meio de S, levam a um número de relações potenciais pelas quais o objeto dinâmico pode ser representado na semiose, no nível focal, isto é, leva a um conjunto de relações triádicas "potenciais" entre objetos imediatos, signos e interpretantes.

[87] Gomes, El-Hani, Gudwin & Queiroz (2007).

Adicionalmente, introduzimos uma distinção entre "potencialidade" e "atualidade", por meio das noções de signos, objetos e interpretantes "potenciais". Um "signo potencial" é algo que "pode" ser um signo de um objeto para um interpretante; um "objeto potencial" é algo que "pode" ser um objeto de um signo para um interpretante; um "interpretante potencial" é algo que "pode" ser um interpretante de um signo. O nível micro-semiótico pode ser definido como um domínio de signos, objetos e interpretantes potenciais. Devemos considerar um conjunto W de possíveis relações determinativas entre esses elementos, que podem gerar um conjunto de tríades possíveis. Essas tríades não podem ser "fixadas" no nível micro-semiótico, uma vez que este estabelece somente condições iniciadoras para cadeias de tríades no nível focal, que também depende, para sua realização, de condições de contorno do nível superior, macro-semiótico.

O nível macro-semiótico estabelece as condições de contorno para a realização dos processos semióticos no nível focal. A influência seletiva das condições de contorno (redes de cadeias de tríades), que constituem um ambiente, hábito ou contexto semiótico, determina a atualização de cadeias de tríades no nível focal. A partir daí, são selecionadas, entre as tríades potencialmente criadas pelas relações determinativas no nível micro-semiótico, aquelas que serão efetivamente atualizadas. Como vimos, uma tríade $t_i = (S_i, O_i, I_i)$ não pode ser definida isoladamente, ou atomisticamente, mas somente quando imersa em estruturas (e/ou processos) de nível superior, incluindo tanto cadeias de tríades, $T = \{..., t_{i-1}, t_i, t_{i+1},...\}$, quanto redes de cadeias de tríades, $R = \{T_1, T_2, T_3,..., T_n\}$. Essas estruturas, ou processos, de nível superior, provêem o contexto para a atualização de relações de determinação potenciais em cada tríade. Uma cadeia de tríades, $T_i = \{..., t_{i-1}, t_i, t_{i+1},...\}$ é então formada, no nível focal, sob a influência regulatória do nível macro-semiótico, de uma série de tríades potenciais criadas no nível micro-semiótico.

Considerando a dinâmica de processos semióticos no nível focal, podemos dizer que a evolução temporal desses processos é determinada por eventos de atualização de cadeias de tríades potenciais e tríades potenciais. Tríades são atualizadas, realizando uma cadeia específica no nível focal, por meio da operação combinada de dois tipos de restrições. Primeiro, relações potenciais (condições iniciadoras), no nível micro-semiótico, restringem o universo de cadeias potenciais de tríades, já que um conjunto W de relações determinativas possíveis entre signos, objetos, e interpretantes potenciais é sempre menor do que o universo U de todas as tríades potencialmente reais. Isto é, dada as condições iniciadoras estabelecidas no nível micro-semiótico, uma cadeia de tríades realizada no tempo t estará entre os elementos de um conjunto W=U-x de cadeias potenciais de tríades que poderiam ser atualizadas em t. Então, um segundo tipo de restrição age sobre o conjunto W, as condições de contorno estabelecidas pelo nível macro-semiótico, em cujo contexto certa cadeia de tríades será instanciada. As condições de contorno selecionarão, entre as cadeias de tríades que poderiam ser realizadas a partir do conjunto W de relações determinativas possíveis S-O-I, uma cadeia específica, $T_i = \{..., t_{i-1}, t_i, t_{i+1},...\}$, que será atualizada. Essa cadeia efetivamente instanciada é um elemento do conjunto W, já restrito pelas condições iniciadoras.

A emergência de processos semióticos no nível focal, em que cadeias de tríades são atualizadas, pode ser explicada como o resultado da interação entre possibilidades estabelecidas no nível micro-semiótico e a influência seletiva, regulatória, do nível macro-semiótico (Figura 2.15). Processos semióticos podem ser realizados apenas por meio de implementação física.[88] Se um signo deve possuir um modo de ser ativo, ele deve ser instanciado materialmente. Peirce afirma sobre as qualidades materiais do signo, as características que pertencem ao signo, em si mesmo: "Como um signo não é idêntico à coisa significada, mas difere dela em alguns aspectos, ele deve claramente possuir algumas características pertencentes a ele próprio, que nada têm a ver com sua função representativa. Eu as chamo de qualidades materiais do signo" (CP 5. 287).

[88] Ransdell (1977).

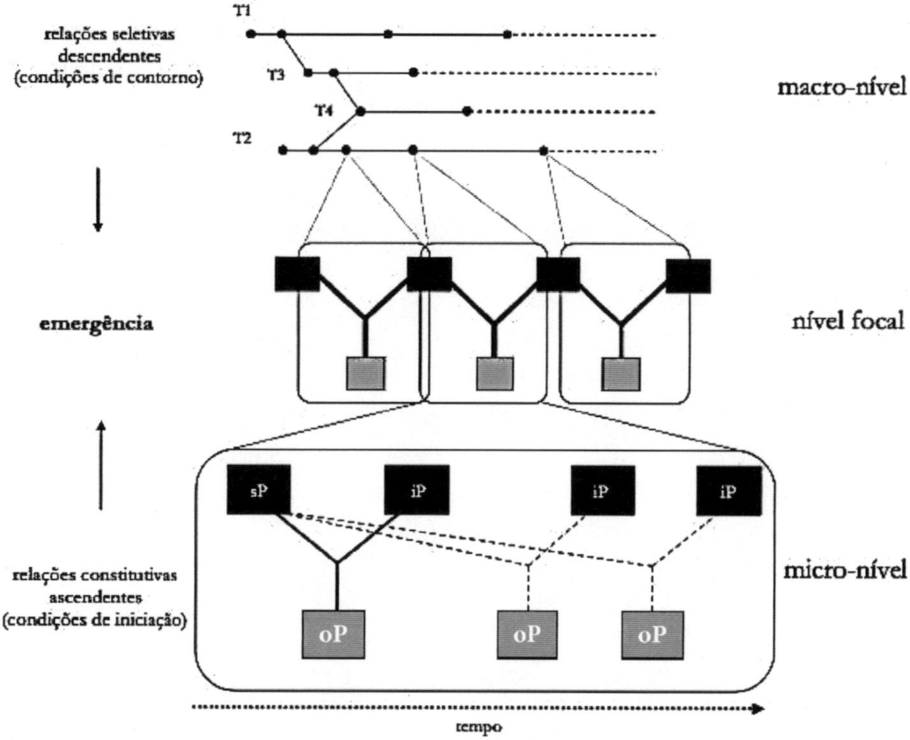

Figura 2.17: Modelo de semiose em três níveis. pS: signo potencial; pO: objetos potenciais; pI: interpretantes potenciais. A área cinza no nível focal indica que todos os objetos nas tríades de uma cadeia indicam o mesmo objeto dinâmico.

O estruturalismo hierárquico de Salthe foi usado para propor um modelo da emergência da semiose em sistemas semióticos (Figura 2.17). Sumarizando o modelo, a semiose é entendida como um processo sistêmico no nível focal, em que cadeias de tríades são instanciadas em decorrência da interação entre possibilidades estabelecidas em um nível micro-semiótico (condições iniciadoras) e a influência seletiva, regulatória, de um nível macro-semiótico (condições de contorno). A atualização de cadeias de tríades potenciais depende das condições de contorno estabelecidas por um nível macro-semiótico, constituído por redes de cadeias de tríades, e com condições iniciadoras estabelecidas no nível micro-semiótico. É possível entender o nível macro-semiótico associando-o à terceiridade, baseado na idéia de que ele pode ser considerado a incorporação (*embodiment*) de processos semióticos (CP 5.314).

Embora a semiose seja, de acordo com o modelo, instanciada no nível focal, ela deve ser entendida como uma propriedade sistêmica, já que o nível macro-semiótico estabelece as condições de contorno requeridas para a sua atualização. Dito de outra maneira, a própria instanciação da semiose, no nível focal, depende de restrições colocadas pelo sistema semiótico como um todo (i.e., o nível macro-semiótico).

III

Classificações sígnicas

Definição. História e cronologia. 1, 3, 6,10, divisões tricotômicas. 3,10, 28, 66, classes de signos.

O modelo triádico da semiose exibe a "forma de um processo sem especificar a natureza dos participantes do processo" (Colapietro 1989: 6) e sem especificar a natureza das relações entre os participantes, que são os termos da tríade (S-O-I). As classificações de signos respondem às seguintes questões: (i) quantos tipos, ou "variedades fundamentais" (CP 5.488), desta forma podem ser concebidos? (ii) quais são eles? (iii) como estão relacionados?

As classificações baseiam-se, de um lado, nas categorias, e de outro, nas tricotomias, que equivalem a questões formuladas sobre a tríade S-O-I. Como resultado de diversas experiências, e pressionado por descobertas em diferentes domínios, Peirce desenvolveu, por mais de 40 anos, diversas classificações. Meu objetivo neste capítulo é (i) definir e situar, na obra de Peirce, as classes e as classificações de signos, (ii) apresentá-las, de um período preparatório, que Freadman (2001a) chama de "juvenil", até as 66 classes, com atenção especial para as dez classes, e analisar suas estruturas, (3) discutir alguns dos fatores que resultam nas subdivisões tricotômicas e os principais problemas para lidar com elas, especialmente suas inter-relações.

1. Classificações, tipologias e classes de signos

Se uma classe descreve um "tipo" de ação do signo (semiose), uma classificação descreve todas as suas variedades concebíveis (CP 5.484). Assim, de acordo com uma certa classificação (por exemplo: ícone, índice, símbolo), apenas três tipos de relação entre signo e objeto podem ser concebidos. Como uma categoria, e relativamente às categorias, uma classe é irredutível, e é parte de uma lista exaustiva de classes, que estão hierarquicamente organizadas em um sistema de pressuposições. Os autores, para tratar das classificações, oscilam entre ao menos duas visões. De acordo com a primeira, uma classe de signo é um arranjo de propriedades atribuído a um agregado de coisas ou processos, reunido por um observador pela atribuição destas propriedades, uma operação que confere analogia aos seus membros. Hacking (1993: 284), ao tratar de tipologias, define um tipo como um "conjunto", uma perspectiva que tem a vantagem de vir acompanhada de uma teoria *naive* de conjuntos, e portanto, de relações entre eles (inclusão, pertinência, transitividade, correspondência, equivalência, identidade). Em nosso caso, sub-tipos, e inter-relações, são facilmente identificados. Veremos que símbolos e índices são tipos de signos, o segundo podendo "prescindir" do primeiro, a recíproca não sendo verdadeira; todo ícone corresponde, ou equivale, quanto à sua própria natureza, a um qualisigno, ou signo que é uma qualidade, etc.

Há outra perspectiva, explorada por Liszka (1996: 44), e outros autores, que é a relação entre "tipos naturais" e classes de signos. Para Hulswit (1997: 729; 2001), está, por trás do problema dos "naturais", "de acordo com Peirce, a origem de nossa divisão do mundo em classes." Fatos e eventos particulares são expressão de um padrão subjacente de tipos e leis naturais. Este padrão, que é real, consiste, para Peirce, em grupos de similaridades reunidos de um modo legal – "gerais que figurariam nas leis", "tipos de coisas no mundo que realmente se comportam de um modo legal." O modo legal de comportamento dos tipos é mantido por uma estrutura condicional subjuntiva real, que é a tese do "realismo escolástico extremo". A generalidade é real, mas a divisão em classes reflete nossos interesses mais convencionais. A possibilidade de um mapeamento objetivo do mundo, através de um sistema de tipos, é descartada segundo uma interpretação anti-realista. Há uma interpretação que defende um elemento de arbitrariedade (linhas arbitrárias de demarcação em classes) em um espaço objetivo e contínuo de tipos naturais.[89] A questão é se as classes de signos se comportam como tipos naturais. Peirce, em uma passagem (MS 728, CP 4.116), afirma que uma classe é uma solução para um problema; em outra definição, afirma que "uma classe é o total de objetos que podem estar no universo de uma certa descrição" (CP 1.204).

2. Como distinguir e analisar as classificações e as classes de signos?

Quanto à natureza das classificações, Liszka (1996: 43) as divide, na obra de Peirce, em "hierárquicas", e "tipológicas", de caráter "formalista". Segundo Liszka, "na classificação hierárquica, que pode ser facilmente visualizada como uma organização em forma de árvore, o objetivo é mostrar relações de afinidades, dependência ou interdependência entre as classes em vários níveis (CP 1.180)." O que Liszka (1996: 44) chama de "classificação tipológica" deriva de um procedimento que tem, em certos ramos da matemática, seu uso mais exemplar – por exemplo, descrição de certas entidades, em geometria, que satisfazem condições formais, sem consideração por qualquer relação que estas entidades possam ter com qualquer outra fora do sistema. De acordo com Liszka (ibid.), tal procedimento "baseia-se nas condições formais do fenômeno, e sua classificação é gerada *a priori* a partir de um tipo, seguindo 'uma conexão entre as coisas e um sistema de idéias formais' (CP 1.223)". Assim, veremos que um legisigno indexical remático (321) é uma classe que satisfaz diferentes condições de um legisigno icônico remático (311), no domínio das dez classes, e que tais condições são estabelecidas *a priori* (CP 2.233). As classificações sígnicas são, seguindo a divisão de Liszka, exemplos de uma forma híbrida de classificação (hierárquico- formalista). Desse modo, uma classe, como um legisigno indexical remático (321) (ver capítulos 4 e 5), tem sua natureza determinada por condições que deve satisfazer, e estas condições são distinguidas através das relações

[89] Rosenthal (1994), Merrell (1996), Hookway (2002).

de dependência que o legisigno indexical remático (321) mantém com outros elementos no interior do sistema.

Ransdell, e outros autores, têm enfatizado aspectos diversos quando tratam das classes e das classificações. De acordo com Ransdell (1983: 49), as classes devem ser observadas como "baterias de distinção analíticas" – tipos não excludentes, sistematicamente obtidos pela aplicação recursiva das categorias, a partir de uma combinação limitada por regras lógicas. Hausman está de acordo quanto a dois dos aspectos mais salientes desta abordagem: (i) as classes são ferramentas analíticas, instrumentos de distinção, comparação e classificação de "qualquer coisa" (evento, atividade, processo, substância) interpretada como um signo, que (ii) estão coordenadas como funções mutuamente inclusivas, como modos complementares de observação. Segundo Hausman (1993: 84), "deve ser útil se reconhecermos que uma mesma coisa (objeto ou evento) pode pertencer a mais de uma divisão dentro da classificação que Peirce propõe. Então, deveríamos pensar as classes como modos em que uma coisa classificada funciona".

Para Ransdell (1983: 49), as classificações formam um "vocabulário inter-relacionado" de tipos, em um "espaço de relações coordenadas" dependentes do observador. As classes são "distintos mas sistematicamente coordenados e mutuamente compatíveis modos em que 'algo', que é por hipótese um signo, pode ser semioticamente identificado" (ibid.: 54). Quando afirmamos que algo, ou processo, é um ícone, estamos dizendo que foi projetado para ser interpretado como um ícone, e que escolhas e seleções de propriedades de similaridade entre S e O, atuam de modo proeminente. Segundo Savan (1987-88: 34), "qualquer qualidade, considerada como tal, aparte suas exemplificações particulares, pode ser considerada como signo [ícone] apenas por semelhanças qualitativas com seu objeto." Então podemos supor que qualquer coisa, ou processo, pode assemelhar-se, por hipótese, a qualquer outra coisa, ou processo. Sobre o índice, para Deacon (1997: 77), "quase qualquer coisa poderia ser fisicamente, ou temporalmente, associada a qualquer outra coisa em virtude de alguma extensão da experiência de proximidade no espaço ou no tempo." Isto não impede que certas coisas se comportem, predominantemente, devido a certas propriedades, como indexicais, e que artefatos sejam construídos para serem interpretados como indexicais, mas isso é diferente de atribuir um status intrínseco a estas entidades. Estou me adiantando. Vou apresentar, de modo sucinto, as principais etapas de construção das classificações.

3. Classificações: alguma cronologia, de "On a new list" às cartas para Lady Welby

Qual a principal dificuldade para apresentar as classificações de signos, dos anos 1860s até as cartas trocadas com Lady Welby, 1903-11 (LW 3-151) e William James, 1909-11 (CP 8.313, EP 2: 492-502)? A teoria do signo começa a ser desenvolvida em 1865 (Harvard Lectures, W 1: 162), em um período "juvenil"[90] que antecede a preparação de "On a new list" (W 2: 49), e se estende até 1909-11. A primeira pergunta, sobre a qual não há um consenso, é se abordamos uma teoria gradualmente ampliada, ou se há alterações fundamentais ao longo de seu desenvolvimento. Por exemplo, pode-se perguntar se a divisão do objeto (dinâmico/imediato) (LW 84, CP 8.314) e as diversas divisões do interpretante (CP 8.343) interferem de forma crucial nas primeiras formulações. Com relação às tricotomias, alguns autores (Liszka 1996: 128) perguntam porque Peirce teria adotado uma metodologia menos formal para obter e organizar as tricotomias a partir de 1903. A questão sobre ordem das tricotomias tem gerado uma série de problemas não resolvidos, como veremos no próximo capítulo.

O sistema filosófico de Peirce é um sistema em processo, "refeito e revisado a partir de dentro" (Murphey 1961: 3), por novos métodos e modelos. Flower & Murphey (1977) estão corretos quando afirmam que o tratamento da lógica, no sentido amplo em que esta equivale à semiótica, a partir dos trabalhos sobre a "lógica das relações", do desenvolvimento dos diagramas lógicos, e dos quantificadores, obrigaram Peirce a uma revisão radical de todo seu sistema filosófico. Sabemos que as concepções tricotômicas, que baseiam as classificações, permaneceram intactas por toda sua obra. Segundo Savan (1987-88: 125), as mudanças "são expansões de uma teoria fundacional. Muitas das teses essenciais, no centro da teoria, permaneceram não afetadas pelas mudanças que

[90] Freadman (2001a).

Peirce introduziu depois de 1867-1868." Savan fornece uma lista de dez noções fundamentais, nove delas sobre as categorias, e uma sobre o modelo triádico do signo, com as quais Peirce constrói seu sistema – das inferências às relações de prescindibilidade entre as categorias. Goudge (1950; Houser EP 1: introdução), e Rosenthal (1997), de outra perspectiva, defendem a existência de dois Peirce's.

Mas diversos exemplos podem ser mencionados: a descoberta dos quantificadores existenciais, por Mitchell & Peirce (CP 4.391), e a relação desta descoberta com a introdução do índice no esquema triádico das classes, como um componente indispensável à cognição; a subdivisão do ícone em hipoícones (imagem, diagrama e metáfora), que se segue ao desenvolvimento dos diagramas lógicos, a partir de 1882, e principalmente a partir de 1896-97; a tricotomização do fundamento (*ground*) do signo, que introduz, a partir de 1903, um modo de análise que Peirce já havia anunciado em 1865 (W 1: 172), quando propôs uma separação entre o uso de certos signos (palavras) e signos-em-si-mesmos.[91] Mais tarde, em 1868, Peirce distinguiu a "qualidade material" de um signo de seu caráter representativo (CP 5.287). E esses são apenas alguns exemplos de uma teoria cujo desenvolvimento parece respeitar suas "fundações".

O fato é que a obra de Peirce é um exemplo de "work in progress", e para lidar com ela é uma boa ideia dividir cronologicamente seu desenvolvimento. Muitos comentadores tentaram diversos esquemas, destacando aspectos distintos de seu sistema filosófico. Fisch (1986) dividiu sua obra em três grandes períodos: Cambridge (1851-1870), cosmopolita (1870-1887), Arisbe (1887-1914). Eles correspondem aos períodos que vão da leitura do clássico de Richard Whately (*Elements of Logic*) à lógica dos relativos, às viagens de observações científicas (Europa e Canadá), e ao período de reclusão em Milford, na Pennsylvania, até sua morte.

Deledalle (1990) segue a divisão de Fisch, renomeia as fases correspondentes – "Leaving the Cave, The Eclipse of the Sun, The Sun Set Free" – e destaca diferentes aspectos de cada fase. Assim, o primeiro período corresponde a uma crítica à Kant e ao cartesianismo. O segundo corresponde ao desenvolvimento do pragmatismo, e o terceiro à

[91] Sobre este último tópico, recomendo: Freadman (2014).

fundação da semiótica na fenomenologia, e de uma metafísica científica. Murphey (1993), interessado nas mudanças de sua lógica, divide seu pensamento em quatro períodos: (i) fase Kantiana (1857-1865/66), (ii) descoberta da irredutibilidade das três figuras silogísticas (1866-1869/70), (iii) desenvolvimento da lógica das relações (1870-1883), (iv) descoberta dos quantificadores, e um tratamento cuidadoso da teoria de conjuntos (1884-1914). Há também a sugestão de Houser (1992a: xxiv), que segue outro esquema de Fisch (1986: 84-200), e divide a obra de Peirce de uma fase quase-nominalista até um período realista. Segundo Fisch, encontramos duas fases até 1872 (a primeira vai até 1868), quando Peirce apresenta a tese pragmatista no Clube Metafísico, em Cambridge (Menand 2001). As fases seguintes são divididas em dois períodos: pré-Monista (1872-1890), e Monista (1891-1914). Os principais desenvolvimentos da fase Monista são apresentados por Murphey na última fase – uma fase marcada pela descoberta, com Oscar Mitchel, dos quantificadores existenciais e da teoria de conjuntos (Murphey 1993: 3).

Há, entre alguns dos problemas que observo nestas divisões, o fato de que nenhum autor destaca, como uma fase especial, ou acontecimento especial de uma fase, o desenvolvimento dos grafos existenciais (GE). Esta omissão aos grafos, considerados por Peirce sua "chef-d'oeuvre" (CP 4.347), pode ser grave, porque há uma enorme quantidade de novas publicações sobre o assunto,[92] e um interesse crescente pelo desenvolvimento de sistemas híbridos de notação em lógica, baseados em grafos, diagramas, mapas, redes e *frames*.[93] No esquema de Murphey, os GE ocupam o mesmo período dos quantificadores lógicos (1884-1914), período em que, na divisão de Fisch (pré-Monista), é destacada a introdução dos signos indexicais e a redescrição das categorias (W 5: 244), sob a revisão dos quantificadores ("realidade da secundidade"), e no esquema de Deledalle corresponde a fundação da semiótica na fenomenologia.

Com foco nas classificações dos signos, duas abordagens merecem destaque: Fisch (1986) e Freadman (2001a,b). Fisch (1986: 321-355) propõe a seguinte divisão: (i) "The first founding" (1865-1869); (ii) 1877-79, (iii) 1879-1883, (iv) 1898-1911. Freadman (2001a,b) sugere

[92] Faris (1981); Hammer (1994, 1995a, 1995b); Shin (1994); Allwein & Barwise (1996); Searle (1997); Sowa (1986, 1997); Queiroz & Stjernfelt (2011); Queiroz & Moraes (2013).

[93] "Heterogeneous logic" (Barwise & Etchemendy 1995).

uma divisão atenta a desenvolvimentos mais específicos da teoria do signo (por exemplo, desenvolvimento do pragmatismo e o advento de novas tricotomias). Como veremos, a complexificação das classificações baseia-se no detalhamento das relações na tríade S-O-I. Os períodos que, em minha opinião, devem organizar uma cronologia são: (i) um período de formação, que começa em 1865 (W 1: 162-302), se extende até 1903, e possui dois focos de intensa produção — "A new list" (W 2: 49, CP 1.465) e "On the Algebra of Logic: A Contribution to the Philosophy of Notation" (W 5: 162-190); (ii) um período de experimentação com as tricotomias, em torno de 1903 (especialmente MS 540 e MS 339); (iii) um último período, também de intensa exploração das tricotomias e teoria do interpretante, que acontece entre 1905 e 1908 (MS 339, EP 2: 477-491).

3.1 "Simbolística" — as primeiras classificações dos signos

Em 1865, Peirce faz uma série de conferências — "On the Logic of Science" (W 1: 162-302, Harvard Lectures). Vamos encontrar nestas conferências muitos dos tópicos mais recorrentes em toda sua obra: Kant, lógica, semiótica, teoria da probabilidade, álgebra booleana. Já na segunda parte da primeira conferência, ele descreve sua abordagem não--psicológica da lógica e propõe, a partir da identificação que Locke faz da lógica com a semiótica, sua própria versão, modificada, desta identificação. Neste ponto, ele confere à lógica a tarefa de estudar três tipos de representações por uma "Simbolística", e argumenta que a sua tarefa não é "considerar como um objeto, ou uma idéia, podem ser apresentados, mas como podem ser representados", algo cujas linhas básicas serão definidas em "On a new list" (CP 1.545) — uma abordagem semiótica. Depois de desenvolver diversos argumentos a favor de uma visão da lógica dissociada da psicologia, Peirce propõe uma definição de lógica como "ciência das representações em geral", ao modo de Locke, e restringe seu escopo de análise a certos "tipos de representação": "A semelhança de um retrato com seu objeto, por exemplo, não é uma verdade lógica". Aqui, ele sugere uma divisão tricotômica de gêneros (*genus*) de representação, conforme as relações com seus objetos: "É necessário dividir os gêneros de representação conforme os diferentes modos em que podem estar de acordo com seus objetos" (W 1: 169).

Esta é, provavelmente, a primeira divisão tricotômica formulada por Peirce: "O primeiro e mais simples tipo de verdade é a semelhança de uma cópia. Ela pode, aproximadamente, consistir em uma similitude de predicados" (W 1: 170). Logo ele conclui que a lógica não pode tratar de cópias: "O segundo tipo de verdade é a denotação de um signo de acordo com uma convenção prévia. (ibid.)" "Denotação" refere-se a objetos individuais, concepções individuais, atos individuais, e "signos neste sentido estrito não são tratados na lógica, porque a lógica lida somente com termos gerais (ibid.)"— "o terceiro tipo de verdade, ou acordo de uma representação com seu objeto, é aquele que inere na própria natureza da representação, seja original ou adquirida esta natureza. A esta representação eu dou o nome de símbolo" (ibid.).

Na oitava palestra ("Forms of Induction and Hypothesis", W 1: 258, 1865), a mesma tipologia é assim apresentada:

> "Encontramos representações de três tipos – Signos, Cópias, Símbolos. Por uma cópia, eu quero indicar uma representação cuja concordância com seu objeto depende meramente de uma similitude de predicados. Por um signo, eu quero indicar uma representação cuja referência a seu objeto é fixada por convenção. Por um símbolo eu me refiro a algo sobre o qual o ser é apresentado à mente – sem qualquer semelhança com seu objeto e sem qualquer referência a uma convenção prévia – um conceito."

Em seguida, Peirce tricotomiza as condições às quais se sujeitam os símbolos e associa a cada divisão uma ciência correspondente: (i) Gramática formal, ou "ciência das leis gerais das relações dos símbolos com *logoi*", (ii) Lógica, ou "ciência das leis gerais de suas relações com os objetos", (iii) Retórica geral, ou "ciência das leis gerais de suas relações com outros sistemas de símbolos." No "Teleological Logic" (W 1: 304, 1865), manuscrito de quatro páginas que iniciam um livro que jamais foi completado,[94] aparecem, além de uma lista de definições – lógica, simbolística, semiótica, representação, "coisa" –, uma tipologia de signos, de acordo

[94] Fisch (1986: 323).

"com suas verdades ou coincidência com seus objetos", em um domínio de leis gerais: (i) signos: "representações por virtude de uma convenção", (ii) símbolos: "representações por virtude de sua natureza natural ou adquirida", (iii) cópias: "representações por virtude de uma similaridade de predicados".

Para completar a pré-história de "On a new list", devemos mencionar a série de doze conferências feitas por Peirce, no Lowell Institute, em Boston, 1866. Sobre esta série, os principais tópicos estão, seminalmente, nos Lowell Lectures, especialmente na palestra IX, de novembro de 1866 (W 1: 471-488): uma teoria do símbolo, de diferentes formas de relação entre os termos da tríade, uma definição quase-formal do interpretante com ênfase na noção de "relação", uma explicação do "método de separação mental" que permite estabelecer as relações de dependência entre concepções ("I, it, thou"), e entre os termos da tríade signo-objeto-interpretante.

3.2 De "On a new list of categories" a "On the algebra of logic"

É no artigo "On a new list of categories" (W 2: 49, 1867) que Peirce sistematiza uma série de noções sobre as quais vai trabalhar, em diferentes domínios, teóricos e formais, por mais de 40 anos. O artigo é uma "pedra de fundação" de sua teoria das categorias. Muitos autores têm enfatizado o fato de que as divisões e subdivisões da semiótica dependem diretamente das categorias, e como combiná-las — "A semiótica de Peirce, mais do que qualquer outro aspecto de seu trabalho, é baseado em suas três categorias, Primeiridade, Secundidade e Terceiridade" (Savan 1987-88, Introdução). Para Nauta (1981: 121), "cada fragmento da obra de Peirce está impregnado com [as categorias], estruturado por elas, e muito frequentemente obscurecido por elas." Podemos mencionar, entre os fragmentos a que Nauta se refere, que são cruciais para uma compreensão detalhada da teoria do signo: (i) distinção entre relações genuínas e degeneradas, (ii) irredutibilidade e redutibilidade das relações, (iii) princípio de dependência hierárquica entre as relações, um princípio que afeta a ordem das tricotomias, nas classificações sígnicas, e que determina as relações de pressuposição entre as classes de signos.

Segundo Fisch (1986: 324), a partir de "On a new list", as categorias (Qualidade, Relação, Representação) funcionam como um "princípio orientador" poderoso, determinam muitas divisões, e são usadas para distinguir: tipos de representações (por exemplo, ícones, índices e símbolos); tipos (*trivium*) de ciências (gramática formal, lógica, e retórica formal); tipos gerais dos símbolos — termos, proposições, e argumentos; tipos de argumentos — hipótese (*likenesses*), dedução, indução. Os autores têm destacado o papel desse artigo como responsável por uma radical reconcepção da lógica como semiótica — "[Lógica] passa a ser definida em dois sentidos: em um sentido amplo, é sinônimo de semiótica, em outro sentido, é uma teoria geral das inferências" (Ransdell 1983: 11). Para Murphey (1993: 106), "os fenômenos da experiência são concebidos como representação e estão conectados com outros através de relações representativas." Ao fim do artigo, três classes de signos são definidas: símbolos, índices, ícones (*likeness*). Segundo Freadman (1996: 149), esta classificação deve ser entendida como uma resposta a certas questões — "um sistema de classes é uma solução para um problema sistemático". O problema aqui (ver capítulo 2), está relacionado à síntese das impressões em uma "unidade cognitiva" (W 2: 49-50), a "unidade da proposição" (ibid.), que é analisada em termos de "comparação" (CP 1.553), como um efeito da "comparação": "A psicologia empírica tem estabelecido que podemos conhecer uma qualidade apenas por seu contraste ou similaridade com outra qualidade. Por contraste, e acordo, uma coisa refere-se a um correlato" (CP 1.552).

Diversas evidências (CP 1.552) indicam que há três tipos de comparação: concorrência, oposição e imputação de uma qualidade. Estes tipos são usados para distinguir a divisão tricotômica ícone (*likenesses*) / índice/ símbolo, esta última "a que interessa ao escopo da lógica" (CP 1.559). A comparação de "b" e "p", a relação entre "assassino e assassinado", a imputação de uma propriedade (compartilhada) entre as palavras "man" e "homme", são alguns dos exemplos que satisfazem esta divisão (CP 1.553, 1.558). Mas o que é uma comparação? Se, ao interpretar um signo, outro signo, do mesmo objeto, é produzido, fazemos uma comparação. Esta operação (*mediating representation*) define o "interpretante", e seu mecanismo é comum às três classes — o ícone é uma representação "cuja relação com seu objeto é uma mera comunidade de alguma qualidade"; o índice é uma representação cuja "relação com seu objeto consiste em uma correspondência de fato"; o símbolo é uma representação cujo "fundamento da relação com seu objeto é uma característica imputada" (CP 1.558). O símbolo se divide em "termo, proposição e argumento", e a proposição em "abdução, dedução e indução".

Com relação à natureza das classes em um sistema de representação, e em "qualquer raciocínio", a posição assumida por Peirce em "On a new list" é revisada em 1885 em dois trabalhos: "Josiah Royce, The Religious Aspects of Philosophy" (CP 8.39) e "On the Algebra of Logic: A Contribution to the Philosophy of Notation" (W 5: 162, CP 3.359). Esta "revisão" seguiu-se à publicação de *Studies in Logic by Members of the Johns Hopkins University*, editado por Peirce em 1883. Em um dos trabalhos, colaboração com um de seus alunos, Oscar Mitchell, ele desenvolveu, independentemente de Frege, uma notação formal para as noções de quantificação e quantificador lógicos (CP 3.363).[95] Diversos autores[96] têm salientado o impacto desta descoberta na própria obra de Peirce, da lógica à metafísica, fenomenologia e semiótica. O índice como signo relativo à individuais que denota, seguiu-se à conexão explicitamente estabelecida entre quantificação e secundidade, e sua necessidade é afirmada em diversas passagens.

> "Agora achamos que, ao lado de termos gerais, dois outros tipos de signos são perfeitamente indispensáveis em todo raciocínio. Um destes tipos é o índice, que, como um dedo apontado, exerce uma força fisiológica real sobre a atenção, como o poder de um *mesmerizer*, direcionando os sentidos para um objeto particular. Tal índice deve entrar em toda proposição, sendo sua função designar o sujeito do discurso." (CP 8.39)
>
> "Tenho me esforçado para deixar claro minha distinção de ícones, índices e TOKENS, com o objetivo de enunciar esta proposição: em um sistema perfeito de notação lógica, signos de diversos tipos devem todos ser empregados." (CP 3.363)

[95] Quine (1995: 31), Putnam (1992: 297).

[96] Flower & Murphey (1977: 600).

Este desenvolvimento tem consequências na definição do símbolo. Segundo Freadman (2001a: 14), "no artigo de 1867, Peirce não discrimina entre a função das palavras, são todas 'palavras' e signos racionais. No artigo de 1885, 'On the Algebra of Logic', entretanto, esta classe é delimitada ao 'principal corpo da fala', e explicitamente exclui 'pronomes relativos e demonstrativos', que são agora exemplos de índices". O critério de "indexicalidade" é estendido à noção de causalidade eficiente (por exemplo, como sintomas físicos), contiguidade espacial (por exemplo, letras em geometria) e conexão espaço-temporal (por exemplo, pronomes demonstrativos) (CP 3.361-362). Também neste artigo, Peirce generaliza a proposição que torna-se "qualquer modo de expressar um julgamento". O ícone, por sua vez, é usado "para analisar a função diagramática da sintaxe notacional" e a teoria do signo para "descrever a notação lógica" (Freadman 2001a: 14; CP 3.363). Comparativamente, são estes os novos exemplos, ajustados à nova abordagem (tabela 3.1):

	1867 (W 2:49)	1885 (CP 3.359)
Ícone	Retrato	Diagramas geométricos, pinturas
Índice	Assassino	signos naturais, sintomas físicos, Weathercock dedo apontado, pronomes relativos e demonstrativos, números em álgebra
Símbolo	Man/homme, Palavra proposição	Palavras gerais, fala, qualquer modo de julgamento

Tabela 3.1: Exemplos das classes "ícone, índice, símbolo".

Quanto à formulação de 1867, um dos desenvolvimentos mais relevantes está relacionado à introdução da noção de "degeneração". Isso deve ser atribuído à revisão das categorias, entre 1870 e 1883, e cujo principal trabalho ("One, Two, Three: Fundamental Categories of Thought and of Nature", W 5: 242) data do mesmo ano de "On the algebra of logic" (CP 3.154-251), de 1885. As categorias são apresentadas (ver capítulo 2) como tipos de relações lógicas — monádicas, diádicas, e poliádicas. Predicados monádicos são não-relativos; diádicos, se dividem em genuínos e degenerados, e triádicos possuem duas formas de degeneração.

O signo é um exemplo de relação triádica. Uma relação sígnica, S-O-I, envolve uma relação diádica, S-O. Se a relação triádica pode prescindir do terceiro termo (I), então ela é uma relação degenerada em primeiro grau, e trata-se de um índice. Se ela pode prescindir do segundo e do terceiro termos, então ela é duplamente degenerada, e trata-se de um ícone. Ícones podem prescindir dos correlatos da relação triádica, já que dependem de suas próprias qualidades — "a relação dual entre o signo e seu objeto é degenerada e consiste em mera semelhança entre os dois" (CP 3.362). Índices, que são "signos degenerados em primeiro grau", podem prescindir do terceiro termo da relação — "Um índice é um signo que perderia o caráter que faz dele um signo se seu objeto fosse removido, mas manteria este caráter se não houvesse interpretante" (CP 2.304). Se a relação depende de todos os correlatos, então ela é uma relação genuína, e é um símbolo. O símbolo é

> "um signo [que] está em uma relação de conjunção com a coisa denotada e a mente. Se esta tripla relação não é de uma espécie degenerada, o signo está relacionado com seu objeto apenas em consequência de uma associação mental, e depende de um hábito. Tais signos são sempre abstratos e gerais, porque hábitos são regras gerais às quais o organismo tem se sujeitado. Eles são, em sua maior parte, convencionais ou arbitrários e incluem todas as palavras gerais, o principal corpo da fala e qualquer modo de julgamento." (CP 3.360)

Anos depois, Peirce segue emprestando da matemática de seções cônicas a noção de degeneração. No ensaio, que para Fish (1986: 35) é um dos melhores já escrito sobre a teoria do signo, "New Elements" (EP 2: 300, NEM 4: 238-63, 1904), os símbolos são definidos como signos genuínos, os índices como signos degenerados em primeiro grau e os ícones como signos degenerados em segundo grau, ou duplamente degenerados (NEM 4: 241-243). Esta é uma importante mudança introduzida por Peirce no interior do primeiro esquema, mas sua estrutura, baseada em modos de análise da relação triádica S-O-I, permanece inalterada até 1903, quando novas divisões (tricotomias) são concebidas.

Vou descrever melhor, na próxima seção, esta estrutura e fornecer alguns exemplos das três classes, antes de abordar as novas divisões.

3.3 A "mais fundamental divisão de signos": descrição e exemplos

Pode-se descrever a estrutura das classificações como baseada nas tricotomias e na noção de relações irredutíveis. As tricotomias são formas de observação das relações entre os termos da tríade S-O-I. Traduzimos essas formas em perguntas.[97] A "mais fundamental divisão de signos" (CP 2.275), resulta da questão: como estão relacionados os termos S-O da relação triádica S-O-I? Esta questão, de acordo com as relações (monádicas, diádicas, triádicas), divide os signos em ícone, índice, e símbolo, e estabelece certas relações entre eles. Para Ransdell (1983: 63), esta divisão "é obtida pela distinção entre diferentes tipos de identidades semióticas que um dado signo pode ter em virtude de diferentes tipos de relações que mantém com seu objeto como signo dele". Liszka (1996: 37) sugere que esta divisão descreve o "caráter representativo" do signo: "o caráter de representatividade de um signo (a divisão de signos provavelmente mais familiar aos leitores), refere-se ao modo como o signo está em relação com seu objeto e, portanto, se coloca como uma representação daquele objeto."

Ícones baseiam-se em relações de similaridade (CP 2.276), ou analogia (CP 1.369), que podem prescindir de qualquer correlação espaço-temporal que um S (signo) pode ter com um O (objeto) existente (CP 5.73).

> "Um ícone é um signo que se refere ao objeto que denota meramente por virtude de seus próprios caracteres, que ele possui, seu objeto realmente exista ou não." (CP 2.247); "Eu defino um ícone como um signo que é determinado por seu objeto dinâmico em virtude de sua própria natureza interna." (CP 8.335)

Se a relação entre S e O é monádica, se S é signo de O em virtude de uma qualidade que S e O compartilham (CP 2.248), então S é ícone de

[97] Houser (1991: 432).

O. Se S é ícone de O, ele é uma qualidade que é um signo de O (CP 2.276). S e O constituem, por semelhança, uma identidade em algum aspecto -- " Ícones são tão completamente substituídos por seus objetos que dificilmente podem ser distinguido deles." (CP 3.362). Diversos exemplos são mencionados:

> "Toda pintura (ainda que convencional em seu método) é essencialmente uma representação deste tipo. Assim é todo diagrama, ainda que não haja semelhança sensória entre ele e seu objeto, mas apenas uma analogia entre as relações das partes de cada um." (CP 2.279)
> "Um diagrama é, principalmente, um ícone, e um ícone de relações inteligíveis." (CP 4.513)
> "Uma figura geométrica desenhada num papel pode ser um ícone de um triângulo ou de outra forma geométrica." (EP 2: 306)

Examinemos o ícone mais detalhadamente. Ele pode ser descrito como um signo indissoluvelmente ligado a seu objeto, um análogo de sua própria constituição, formal, estrutural, ou material. O ícone apresenta diretamente seu objeto através de sua forma, estrutura ou constituição. Sua qualidade representativa é aquilo que Peirce descreve como uma "pura primeiridade categórica", que é uma qualidade que ele possui em si-mesmo, independente de qualquer outra coisa. Um caráter interno, "que pertence a ele, em si mesmo, como um objeto sensível, e que ele possuiria de qualquer forma, havendo ou não um objeto na natureza a que ele se assemelhe, ainda que jamais tenha sido interpretado como um signo" (CP 4.447). Mas Peirce admitiu a vagueza desta definição. São muitos os perigos relacionados à noção de similaridade, especialmente sua trivilialização como identidade e sua psicologização como referindo-se a impressões de semelhança. Mas as desvantagens são superadas pela destrivialização baseada em uma noção operacional. No "Syllabus", a similaridade é assim definida: "uma propriedade distintiva do ícone é que, através de sua observação direta, outras verdades considerando seu objeto podem ser descobertas além daquelas satisfeitas na determinação de sua construção" (CP 2.279). Esta propriedade é uma elaboração operacional do conceito de similaridade. O ícone não é somente o único tipo de signo envolvendo uma apresentação direta de qualidades que pertencem a seu objeto; ele é também – e isto equivale ao mesmo – o único signo através do qual, por sua observação, se pode descobrir algo sobre seu objeto. Esta definição distingue o ícone de qualquer psicologismo: não importa se signo e objeto, à primeira vista, pareçam similares, o teste decisivo de iconicidade está na possibilidade de manipulá-lo para que uma nova informação apareça — "A chave da iconicidade não é uma semelhança percebida entre o signo e o que ele significa mas, mais do que isso, a possibilidade de fazer novas descobertas sobre o objeto através da observação das características do signo, em si-mesmo" (Hookway 2002: 102).

Peirce, a partir de 1903, introduz diversas subdivisões do ícone, os hipoícones, que podem ser definidos como ícones instanciados ou existentes.

> "Hipoícones podem ser grosseiramente divididos de acordo com o tipo de Primeiridade da qual participam. Aqueles que participam de simples qualidades, ou Primeiras Primeiridades, são imagens; aqueles que representam as relações, principalmente diádicas, ou assim consideradas, das partes de uma coisa por relações análogas em suas próprias partes, são diagramas; aqueles que representam o caráter representativo de um representamen pela representação de um paralelismo em outra coisa, são metáforas." (CP 2.277; EP 2: 274)

Imagens são ícones de qualidades imediatas. Um catálogo de cores de tinta é um bom exemplo. É correto supor que a razão pela qual um catálogo (S) funciona tão bem é porque ele é composto das mesmas propriedades qualitativas de que é feito seu objeto (O), a tinta. Imagens representam qualidades. Uma qualidade pode ser definida como uma "unidade" (Savan 1977: 11), sem partes, indivisível, e não estruturada. Uma qualidade simples de O, ou de que O é feito, é comunicada para I por meio das qualidades de S. Basicamente, a imagem funciona assim porque é feita das mesmas propriedades de que é feito seu objeto. Mas é importante notar que Peirce não restringe as imagens a signos visuais. Assim, uma imagem olfativa, acústica ou gustativa deve ser constituída por algo que distingue qualitativamente o próprio objeto representado.

Diferentemente, os diagramas representam, por meio das relações entre suas partes, as relações análogas que constituem as partes relacionadas do objeto que ele representa. O objeto do diagrama é sempre uma relação. Diferente da imagem, que é uma qualidade, o diagrama é um arranjo de partes relacionadas e seu objeto é uma relação análoga. Os diagramas são ícones relacionais. Tão logo um ícone seja examinado como consistindo de partes relacionadas, e uma vez que estas relações estejam sujeitas a modificações experimentais reguladas por normas e leis, estamos operando com diagramas. O diagrama prototípico é descrito como a manipulação de uma figura geométrica para demonstração de um teorema. Mas a ideia é muito mais geral. Um diagrama pode ser caracterizado como um signo que revela informação através de algum procedimento acompanhado de observação. Já em 1880, Peirce ("On the Algebra of Logic") indica a natureza icônica do silogismo, com implicações evidentes para a categoria geral do ícone:

> "[...] Todo raciocínio dedutivo, mesmo o silogismo simples, envolve um elemento de observação; a saber, a dedução consiste em construir um ícone ou diagrama em que as relações de suas partes devem apresentar uma analogia completa com aquelas das partes do objeto do raciocínio, da experimentação sobre esta imagem na imaginação e da observação do resultado, assim sendo que descubra as relações desapercebidas e escondidas entre as partes." (CP 3.363)

Os diagramas são "a principal, senão única, forma de adquirirmos novo conhecimento sobre relações" (Johansen 1993: 99). O diagrama representa, através das relações entre suas partes, as relações que constituem as partes relacionadas do objeto que representa. Diferente da imagem, que representa qualidades superficiais, o diagrama é um arranjo de partes relacionadas, e seu objeto só pode ser uma relação análoga.

A metáfora é um ícone de relações entre efeitos interpretativos, ou interpretantes. Uma metáfora comunica uma comparação indireta. Diferentemente dos diagramas, nos quais um dos *relata* é uma abstração do objeto representado em termos estruturais, uma metáfora é uma comparação com outra coisa, que é um efeito interpretativo análogo. O objeto de um signo que é uma metáfora é o efeito de um signo cujas propriedades são análogas às de seu interpretante. Se um signo é um diagrama porque seu objeto é análogo ao seu arranjo estrutural (relações parte-parte, parte-todo), um signo é uma metáfora porque seu objeto é análogo aos efeitos (interpretativos) produzidos por ele.

Tentemos sumarizar. Quando o que é comunicado de O para I é uma qualidade compartilhada por S e O, observamos uma imagem. As imagens são qualidades que são signos. No diagrama, o que é comunicado é a estrutura de S, ou seu arranjo estrutural. O objeto do diagrama é sempre uma relação. As metáforas são analogias entre efeitos interpretativos. Se duas coisas ou processos são reconhecidos como análogos porque possuem qualidades superficiais compartilhadas, e cuja identidade é imediatamente reconhecida pelo intérprete, então este intérprete examina uma imagem. Se eles são análogos porque seus arranjos estruturais são análogos, ou as relações entre suas partes são análogas, observamos um diagrama. Mas se eles são análogos porque são análogos seus interpretantes, ou os efeitos produzidos por dois ou mais signos, então trata-se de uma metáfora. A analogia, portanto, pode ser qualitativa (imagem), estrutural (diagrama) ou interpretativa (metáfora).

Vejamos o índice. Se S é signo de O em virtude de uma relação diádica, de causa e efeito, com O, uma relação que pode prescindir de I, então ele é um índice de O e a relação de determinação de S por O, uma relação de secundidade. S está em relação com O através de uma "ação dinâmica", ou uma "conexão física" (CP 1.372), que O exerce sobre S. Neste caso, S é realmente afetado por O (CP 2.248), de modo que devem existir, como fatos, ou eventos, S e O – "Um índice é um signo que se refere ao objeto que denota em virtude de ser realmente afetado por este objeto" (CP 2.248). Mas como definir "ação dinâmica", "realmente afetado", ou "conexão física"? As noções de co-variação, de determinação causal eficiente, características da secundidade, são as explicações mais recorrentes. Diversas relações parecem satisfazer estas descrições. De um pronome demonstrativo, que "força atenção para um objeto particular, sem descrevê-lo" (CP 1.369), a um sintoma físico; termômetros (co-variação entre a altura da coluna de mercúrio e temperatura), hidrômetros (CP 5.73), barômetros, balão de vento (co-variação da posição do balão e a direção do vento). Um índice pode ser genuíno e degenerado:

> "Um índice, ou sema ({séma}) é um representamen cujo caráter representativo consiste em ser um segundo individual. Se a secundidade é uma relação existencial, o índice é genuíno. Se a secundidade é uma referência, o índice é degenerado. Um índice genuíno e seu objeto devem ser existentes individuais (coisas ou fatos), e seu interpretante imediato deve ser do mesmo caráter. Mas desde que um individual deve ter caractéres, segue-se que um índice genuíno pode conter uma primeiridade, e portanto um ícone como uma parte constituinte. Qualquer individual é um índice degenerado de seus próprios caractéres." (CP 2.283)

Se S está em uma relação triádica genuína com O, envolve um terceiro termo, mais geral, I. Neste caso, S é um signo genuíno de O, ou um símbolo de O, e a relação de determinação de S por O é uma relação de terceiridade.

> "Um símbolo é um signo que se refere ao objeto que denota em virtude de uma lei, usualmente uma associação de idéias gerais, que opera de modo a levar o símbolo a ser interpretado como se referindo àquele objeto." (CP 2.249)
>
> "Eu defino um símbolo como um signo que é determinado por seu objeto dinâmico apenas no sentido que ele será assim interpretado. Ele portanto depende, ou de uma convenção, ou de um hábito, ou de uma disposição natural de seu interpretante, ou do campo de seu interpretante (aquele do qual o interpretante é uma determinação)." (CP 8.335)
>
> "Um símbolo é uma lei, ou regularidade do futuro indefinido. Seu interpretante deve ser da mesma descrição, e assim deve ser também seu objeto imediato, ou significado. Mas uma lei necessariamente governa, ou 'é incorporada em' individuais, e prescreve algumas de suas qualidades. Consequentemente, um constituinte de um símbolo pode ser um índice e pode ser um ícone." (CP 2.293)

A última definição (acima, CP 2.293) introduz um novo problema: como estão relacionadas as classes de signos? Sua solução também depende da relação entre as categorias (cf. já vimos no capítulo 2). Vou detalhar, nas próximas seções, as relações hierárquicas que operam entre as dez classes, e cujos princípios podem ser generalizados para qualquer classificação.

Sumariamente, três classes de signos descrevem as relações S-O da tríade S-O-I. Ícones são relações de analogia entre S e O que podem prescindir de O existentes. S é índice de O em virtude de uma relação de determinação causal com O, de modo que devem existir S e O. S é símbolo de O se a relação S-O é uma relação de terceiridade, que não pode prescindir de I.

> "Um signo ou é um ícone, um índice ou um símbolo. Um ícone é um signo que possuiria os caracteres que fazem dele significativo, mesmo se seu objeto não tivesse existência. [...] Um índice é um signo que perderia seus caracteres que fazem dele um signo se seu objeto fosse removido, mas não perderia tais caracteres se não houvesse um interpretante. [...] Um símbolo é um signo que perderia os caracteres que fazem dele um signo se não houvesse um interpretante." (CP 2.304)
>
> "O ícone não tem conexão dinâmica com o objeto que representa, simplesmente suas qualidades se assemelham com as do objeto, e excitam sensações análogas na mente para a qual ele é uma semelhança. Mas ele realmente está desconectado de seu objeto. O índice está fisicamente conectado a seu objeto; eles fazem um par orgânico, mas a mente interpretadora não tem nada a ver com esta conexão, exceto por observá-la depois de ter sido estabelecida. O símbolo está conectado com seu objeto em virtude da idéia da mente usando o símbolo, sem a qual tal conexão não existiria." (CP 2.299)

Mas, como já sugeri, a relação S-O-I pode ser analisada de acordo com outras divisões (tricotomias).

3.4 Novas subdivisões tricotômicas — 10, 28, 66 classes

As tricotomias definem os "modos" como o signo se constitui, e como pode ser observado. Se estas distinções são questões que se podem formular sobre qualquer signo, deve-se dizer que elas não são exaustivas e podem ser "combinadas". Esta é a principal inovação que acontece a partir de 1903 — três tricotomias (dez classes) (EP 2: 289), seis tricotomias (vinte e oito classes) (EP 2: 478-481), dez tricotomias (sessenta e seis classes) (EP 2: 483-490). Isto implica em um enorme detalhamento das relações observadas em S-O-I, e implica também em uma redescrição das relações estabelecidas pelas tricotomias. Para as 10 classes, as relações observadas em S-O-I são definidas nos seguintes termos: se somos capazes de tomar certas coisas (ou processos) como signos de outras, então uma explicação para esse fenômeno envolve três modos irredutíveis (suficientes e necessários) de relação pelo qual o signo, quanto à sua própria natureza (primeira tricotomia), em relação ao seu objeto (segunda tricotomia), e como representa seu objeto para outro signo (terceira tricotomia), se constitui. Em um manuscrito que acompanha as conferências no Lowell Institute (1903), "Syllabus of Certain Topics of Logic", na seção "Nomenclature and Division of Triadic Relations, as far as they are determined" (MS 540), estas três divisões são formuladas pela primeira vez. Em seguida, Peirce concebe um modelo em que as classes resultam do cruzamento das divisões (tricotomias). A partir deste ponto, as classificações tornam-se "sistemas de relações cruzadas" (Freadman 1996: 150, 2001b).

Mas Peirce não chega a este modelo, baseado em três divisões, sem antes ensaiar um esboço "intermediário": "Representamens são divididos por duas tricotomias" (EP 2: 273, 1903). Para Freadman (2001b), esta fórmula é uma variação "inconsistente" do modelo "o representamen [...] se divide por tricotomia em signo geral, ou símbolo, índice e ícone" (CP 5.73) porque desrespeita sua habitual "triadomania" (CP 1.568). Esta versão "intermediária" aparece no "On Some Topics of Logic" (MS 478, 1903), em uma subsecção deste manuscrito, fragmentariamente publicado nos *Collected Papers* (CP 2.274-77, 283-84, 292-94, 309-31). Peirce adiciona, nesta subseção, a divisão tricotômica "sumisignos, dicisignos, argumentos" à divisão ícone/índice/símbolo (EP 2: 275). No modelo das 10 classes, esta tricotomia, que se refere ao interpretante, é renomeada (rema/ dicente/ argumento): o dicisigno, por exemplo, é um "representamen cujo interpretante o representa como sendo índice de seu objeto" (EP 2: 277).

Como mencionei, a partir dessa seção as classes passam a ser definidas pelo cruzamento das divisões tricotômicas. Uma proposição, que é um símbolo dicente (EP 2:278), tem, como sujeito, um índice "do objeto primário" (EP 2:279), e como predicado, um sumisigno icônico (EP 2:281). Como estabelecer quais cruzamentos são permitidos? Se as divisões tricotômicas não são independentes, então estes cruzamentos são limitados por regras, e diversas construções não são permitidas — "Nossa definição proíbe o ícone de ser um dicisigno, porque o interpretante de um ícone não pode representá-lo como um índice" (EP 2: 277); "Argumentos podem apenas ser símbolos, não índices ou ícones (EP 2: 286).

Por meio de duas divisões tricotômicas obtemos nove classes de signos (tabela 3) — **11**, 12, 13, **21**, **22**, 23, **31**, **32**, **33** — das quais 6 (negrito) são permitidas.

	ícone 1	**índice 2**	**símbolo3**
Sumisignos, 1 (simples ou signos substitutivos)	1 > 1	1 > 2	1 > 3
Dicisignos, 2 (quasi-proposições, duplos ou signos informativos)	2 > 1	2 > 2	2 > 3
Argumentos, 3 (signos triplos ou racionalmente persuasivos, signos suasignos)	3 > 1	3 > 2	3 > 3

Tabela 3.2: Assinaladas em negrito as combinações permitidas.

Como descrever as regras que formam as combinações que são permitidas? Na próxima seção vou abordar diretamente as 10 classes.

3.4.1 Divisão das relações triádicas: a construção das 10 classes de signos

No manuscrito MS 540, de 1903, que é a quinta secção do Syllabus (EP 2: 289), a construção do modelo das 10 classes segue os seguintes passos: (1) divisão das relações triádicas; (1.1) relações triádicas de comparação, ou da natureza das possibilidades lógicas; (1.2) de performance, ou da natureza dos fatos; (1.3) de pensamento, ou da natureza das leis. (2) Distinção entre os primeiro, segundo e terceiro correlatos de qualquer relação triádica, através dos seus níveis de complexidade. (3) Divisão das relações triádicas, por tricotomia, se seus correlatos forem possibilidades, fatos, ou leis. (As 3 tricotomias "tomadas juntas" dividem todas as relações triádicas em 10 classes.) (4) Separação das 10 classes conforme a natureza dos correlatos. (5) Descrição dos correlatos. (6) Divisão dos signos em 3 tricotomias; descrição das 3 tricotomias — (6.1) qualisigno, sinsigno, legisigno; (6.2) ícone, índice, símbolo; (6.3) rema, dicente, argumento. Descrição das 10 classes. (7) Relações de afinidade exibidas através de um diagrama. (8) Subdivisões e variedades das classes.

De acordo com (1) temos: relações triádicas. Relações de comparação performance-pensamento (natureza das possibilidades [natureza dos fatos] [natureza das leis] lógicas). De acordo com (2) e (3): as relações triádicas que produzem 10 classes podem ser obtidas de diferentes modos: (i) de acordo com a natureza de seus correlatos — "Relações triádicas são divisíveis de três modos por tricotomia, de acordo com o Primeiro, o Segundo e Terceiro correlatos, serem uma mera possibilidade, um existente, ou uma lei" (CP 2.238); (ii) de acordo com a natureza das relações (diádicas) que existem entre os correlatos — "haverá, além disso, uma segunda divisão similar de relações triádicas em 10 classes, de acordo com as relações diádicas entre ou o Primeiro e Segundo Correlatos, ou o Primeiro e Terceiro correlatos, ou o Segundo e Terceiro Correlatos serem da natureza de possibilidades, fatos, ou leis; e as 10 classes serão subdivididas de diferentes modos" (CP 2.239); (iii) de acordo com o modo como o Primeiro Correlato determina o Terceiro Correlato para o Segundo Correlato: "em toda relação triádica genuína, o Primeiro Correlato pode ser observado como determinando o Terceiro Correlato em algum aspecto; e as relações triádicas podem ser divididas conforme a determinação do Terceiro Correlato tenha alguma qualidade, possua uma relação existencial com o Segundo Correlato, ou esteja em alguma relação de pensamento com o Segundo para alguma coisa" (CP 2.241).

Conforme o modo (i), certamente o mais claro, os três correlatos da relação triádica (S-O-I) podem ser da natureza da "primeiridade, secundidade, terceiridade". Uma vez que estes modos podem ser designados por <1,2,3> respectivamente (cf. uma notação para as classes que aparece em MS 799: 4), é fácil ver como obtemos 27 possíveis combinações, das quais apenas 10, pelos princípios descritos (ver abaixo), são permitidos. Isto é, de 27 possíveis combinações, pelas restrições descritas em CP 2.235-236-237, apenas 10 são permitidas.

Seis regras podem ser enunciadas, baseadas na descrição acima, sobre os Primeiros, Terceiros, e Segundos Correlatos: R1: Primeiro Correlato: "possibilidade" se qualquer um dos três é desta natureza; R1': Primeiro Correlato: "lei" se todos os três forem "lei"; R2: Terceiro Correlato: "lei" se qualquer um dos três é uma "lei"; R2': Terceiro Correlato: "possibilidade" se todos forem "possibilidade"; R3: Segundo Correlato: se quaisquer dois forem da mesma natureza, então o Segundo Correlato é da mesma natureza; R3': Segundo Correlato: se os três forem de natureza diferente, o Segundo Correlato será uma "existência real".

> "O Primeiro Correlato é aquele, dos três, que é observado como de natureza mais simples, sendo uma mera possibilidade se qualquer um dos três é desta natureza, e não sendo uma lei a menos que todos os três sejam desta natureza." (CP 2.235)
> "O Terceiro Correlato é aquele que é observado como o de mais complexa natureza, sendo uma lei se qualquer um dos três é uma lei, e não sendo uma mera possibilidade a menos que todos os três sejam dessa natureza." (CP 2.236)
> "O Segundo Correlato é, dos três, o de complexidade intermediária, tal que se quaisquer dois forem da mesma natureza, sendo ou mera possibilidades, existentes atuais, ou leis, então o Segundo Correlato é da mesma natureza, e se os três forem de natureza diferente, o Segundo Correlato será uma existência real." (CP 2.237)

As 27 combinações possíveis são: 1(111), 2(221), 3(331), 4(211), 5(311), 6(121),7(321), 8(231), 9(131), 10(112), 11(222), 12(332), 13(212), 14(312), 15(122),16(322), 17(232), 18(132), 19(113), 20(223), 21(333), 22(213), 23(313), 24(123), 25(323), 26(233), 27(133). As dez combinações que devem satisfazer os princípios descritos são: 1(111), 2(221), 3(331), 4(211), 5(311), 7(321), 11(222), 12(332), 16(322), 21(333). (Ver tabela 3.3)

Classes	Primeira tricotomia	Segunda tricotomia	Terceira tricotomia
111	Qualisigno	Ícone	Remático
211	Sinsigno	Ícone	Remático
221	Sinsigno	Índice	Remático
222	Sinsigno	Índice	Dicente
311	Legisigno	Ícone	Remático
321	Legisigno	Ícone	Remático
322	Legisigno	Índice	Dicente
331	Legisigno	Símbolo	Remático
332	Legisigno	Símbolo	Dicente
333	Legisigno	Símbolo	Argumento

Tabela 3.3: Dez classes de signos.

Para obter as 10 classes, baseada nas 3 tricotomias, são feitos os cruzamentos (figura 3.1):

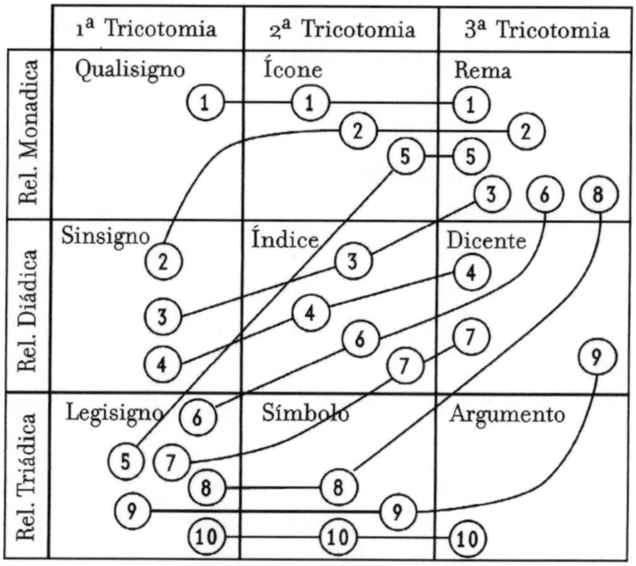

Figura 3.1. Os cruzamentos correspondem às relações permitidas entre as tricotomias. Os números referem-se às 10 classes e foram assim obtidos: (1) qualisigno, (2) sinsigno, (3) legisigno; para a segunda tricotomia: (1) ícone, (2) índice, (3) símbolo; terceira tricotomia: (1) rema, (2) dicente, (3) argumento (figura baseada em Merrell 1996: 8). Esta notação é encontrada em Peirce (MS 799: 4).

Há outros modos de obtermos as combinações permitidas. Vimos que as tricotomias são combinadas formando (cf. sugerido acima) um sistema de relações cruzadas. Tursman (1987: 38), baseado nesta ideia, chamou as classes de "compostos de relações". Para Savan (1987-88: 14), suas formações são permitidas por uma "regra de qualificação". Esta regra é expressão de uma lei — prescisão (*praecisio*) (CP 1.353, 1.549, 2.428, 5.449) — que permite aplicar recursivamente classes de relações.[98] Para nossos propósitos, prescisão é uma operação que restringe as possibilidades livres de combinação entre as tricotomias. As tricotomias estão arranjadas na mesma ordem de pressuposição das categorias: caráter de apresentação (primeiridade do signo) => caráter de representação (secundidade) => poder interpretativo do signo (terceiridade). O tipo de relação que responde a primeira questão qualifica a segunda que qualifica

[98] Gava (2016) fornece uma descrição muito detalhada desse processo.

a terceira (Savan 1987-88:14). De acordo com esta regra, um "primeiro pode ser qualificado apenas por um primeiro; um segundo pode ser qualificado por um primeiro e por um segundo; um terceiro pode ser qualificado por um primeiro, por um segundo e por um terceiro" (Savan ibid.). Ainda de acordo com Savan (ibid.), "a 'regra de qualificação' estipula que, em qualquer sucessão, um membro de uma categoria pode ser seguido por um membro de uma categoria igual ou menor do que a si-mesmo — um primeiro pode ser qualificado apenas por um primeiro; um segundo pode ser qualificado por um primeiro e por um segundo; um terceiro pode ser qualificado por um primeiro, segundo, ou terceiro". Esta regra, que em Deledalle (*apud* Jappy 1984: 16) aparece como "princípio hierárquico cenopitagórico", e em Tursman (1987: 38) como "coerção de ligação faneroquímica", é usada para obter classes de relações n-tricotômicas.

Há diversas maneiras de apresentar as dez classes, baseado nas regras descritas acima (Pape 1990: 378): a relação triádica pode ser dividida em seus correlatos (S-O-I), o primeiro dos quais só apresenta uma forma (11); o segundo apresenta uma forma genuína (22) e uma forma degenerada (21); e o terceiro apresenta uma forma genuína (33) e duas formas degeneradas: (32) e (31). A aplicação recursiva desta regra produz, no nível seguinte de organização, 10 classes de relações:

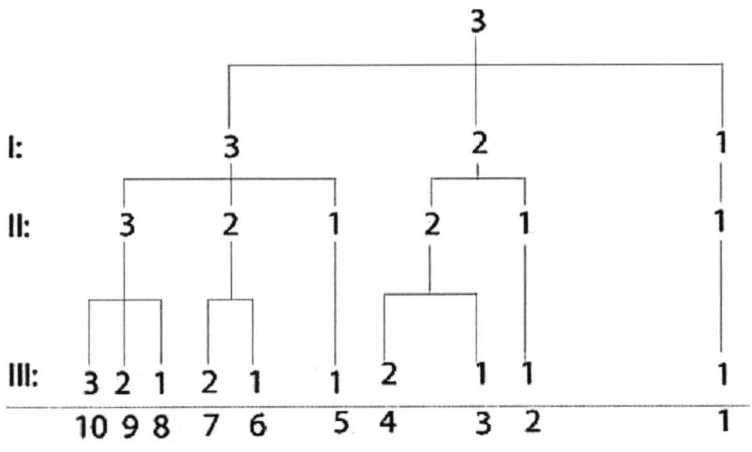

Figura 3.2: Dez classes de relações obtidas pela aplicação recursiva das categorias.

Nós formulamos[99] uma regra para construir as classes que pode ser aplicada a qualquer classificação n-tricotômica. Esta regra baseia-se em uma sugestão de Merrell (1994: 196-197) de acordo com a qual uma "valência faneroquímica" pode ser representada por "ligações" de grafos — simples, duplos e triplos para relações monádicas, diádicas e triádicas, respectivamente. Começamos com um *tripod* (figura 3.3.a) que é um grafo. Em seguida, estabelecemos uma notação para distinguir diferentes tipos de relação: 1, 2 e 3 linhas para relações monádicas, diádicas e triádicas, respectivamente (figura 3.3.b).

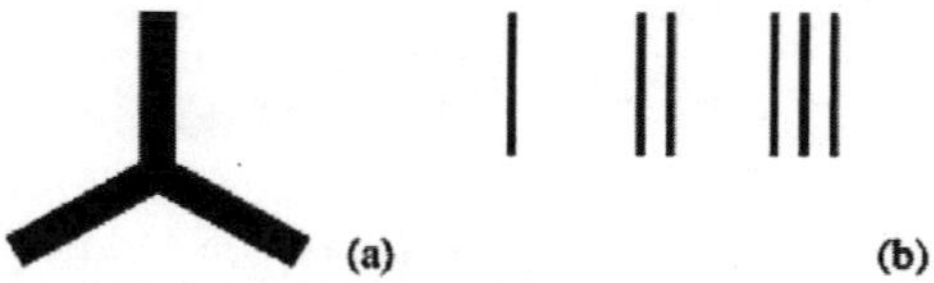

Figura 3.3 (a) o tripod; (b) notação visual para distinguir 3 tipos de relação.

Se consideramos todas as combinações possíveis dos três elementos (3 tipos de relação), obtemos 27 elementos. Existem, entretanto, apenas 10 *triplets* válidos, correspondentes a 10 classes 3-tricotômicas. A combinação dos três elementos obtidos a partir da notação sugerida por Merrell produz, sem observar a posição relativa de cada elemento do tripod (figura 3.4), 10 tipos de combinação (tabela 3.4).

Figura 3.4: Possíveis arranjos para representação da classe 321.

[99] Farias & Queiroz (2000).

Relações			Tripod	Classe Válida
M	D	T		
3	0	0		111
2	1	0		211
1	2	0	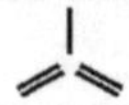	221
0	3	0		222
2	0	1		311
1	1	1		321
0	2	1		322
1	0	2		331
0	1	2	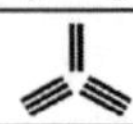	332
0	0	3	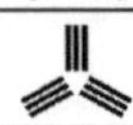	333

Tabela 3.4. Pode-se determinar cada classe válida por meio das relações monádicas, diádicas e triádicas que a compõe.

Podemos perguntar: Quais as principais inovações do novo modelo das 10 classes?

3.4.2 A divisão 3-tricotômica, e as principais inovações

Quanto à primeira classificação, a divisão 3-tricotômica (10 classes) introduz diversas modificações. Em primeiro lugar, como vimos, examinamos um sistema de relações cruzadas, isso é, um sistema que resulta do cruzamento de três modos de observação da relação S-O-I; em segundo lugar, as subdivisões do símbolo (termo, proposição, argumento) passam a formar uma tricotomia (terceira tricotomia); em terceiro lugar, uma distinção é introduzida no modelo das classes para analisar o "fundamento" do signo (*ground*), a primeira tricotomia. Para Freadman (1996: 144), relativamente à primeira classificação, esta é a modificação mais importante. Começamos a descrever as tricotomias por esta divisão. Com respeito a sua própria constituição, um signo pode ser uma qualidade (qualisigno), um existente (sinsigno), ou uma lei (legisigno). Para Liszka (1996: 35), esta divisão descreve o "caráter de apresentação" do signo — "uma certa característica que o signo tem *qua* signo e que forma a base de sua capacidade como signo para representar seu objeto". De acordo com Peirce,

> "Como ele é em si mesmo, um signo é da natureza de uma aparência, quando o chamo de qualisigno; ou, em segundo lugar, é um objeto individual ou evento, quando eu o chamo de sinsigno (a sílaba *sin* sendo a primeira sílaba de semel, simul, singular, etc.); ou, em terceiro lugar, é da natureza de um tipo geral, quando eu o chamo legisigno". (CP 8.334)

Qualisigno é uma qualidade que é um signo, que funciona como um signo sem qualquer referência a qualquer outra "coisa". Para Savan (1987-88: 20), ele é "um signo que significa através de sua qualidade como tal; a primeiridade da qualidade, à parte qualquer relação empírica, ou espaço-temporal, da qualidade com qualquer outra coisa". O sinsigno é uma ocorrência, um fato, um evento particular, que é um signo. O legisigno é um signo que é uma "lei". Segundo Ransdell (1983: 54), é um signo "observado apenas com respeito a um particular poder que tem para agir semioticamente, isto é, para gerar signos interpretantes".

> "Um Sinsigno (onde a sílaba sin é tomada como significando 'sendo uma única vez', como em singular, simples, no Latin *semel*) é uma coisa ou evento existente que é um signo". (CP 2.245)
> "Um Legisigno é uma lei que é um Signo. Usualmente, esta lei é estabelecida pelos homens. Todo signo convencional é um legisigno (mas a recíproca não é verdadeira). Não é um objeto singular, mas um tipo geral que, tem-se concordado, será significante". (CP 2.246)

A segunda tricotomia (relação S-O), o "caráter representativo" do signo (ícone, índice, símbolo) (Liszka 1996: 37), não sofre modificação significativa. A terceira tricotomia, o "poder interpretativo do signo" (Liszka 1996: 40), descreve a capacidade do signo para gerar um interpretante de seu objeto, e se divide em "rema, dicente e argumento" (CP 2.250). O rema é um signo que, para seu interpretante, é um signo de primeiridade. Ele é interpretado como um signo de "possibilidade" — "um signo de possibilidade qualitativa, ou seja, entendido como representando esta e aquela espécie de objeto possível" (CP 2.250). O dicente é um signo que, para seu interpretante, é um signo de secundidade, de existência real, um evento ou uma ocorrência — "portanto, ele não pode ser um ícone que não dá base para interpretá-lo como sendo algo que se refere a uma existência real" (CP 2.251). O argumento é um signo que é interpretado como um signo de lei.

> "Um argumento é um signo que, para seu interpretante, é um signo de lei. Ou podemos dizer que um rema é um signo que é entendido representar seu objeto meramente por seus caracteres; que um dicisigno [dicente] é um signo que é entendido representar seu objeto com respeito a uma existência real; e que um argumento é entendido representar seu objeto em seu caráter de signo". (CP 2.252)

3.4.3 Exemplos das 10 classes de signos

São estes os exemplos mencionados por Peirce das 10 classes. (No próximo capítulo, vou voltar a examinar alguns destes exemplos, e suas relações de dependência.)

> (I) 111, ou qualisigno, é uma "qualidade" que é um signo; relativamente à sua própria natureza é uma primeiridade. Assim, só pode ter um ícone como objeto, e um rema como interpretante — é uma "sensação de vermelho". (CP 2.254)
> (II) 211, ou um sinsigno icônico, é um evento, ou ocorrência (como todo sinsigno), que é um signo, uma secundidade quanto a sua própria natureza. Seu objeto é um ícone, que ele interpreta como um rema — é um "diagrama particular". (CP 2.255)
> (III) 221, ou sinsigno indexical remático, é uma ocorrência que é um signo, e que está para seu objeto, também uma ocorrência, através de um rema (possibilidade) — "um grito espontâneo". (CP 2.256)

> (IV) 222, ou sinsigno indexical dicente, é um signo que é uma ocorrência, e que é interpretado como realmente afetado por seu objeto, também uma ocorrência — um "catavento". (CP 2.257)
> (V) 311, ou legisigno icônico, é uma lei que é signo, e cujo objeto é uma possibilidade — um "diagrama à parte sua individualidade". (CP 2.258)
> (VI) 321, ou legisigno indexical remático, é uma lei que é signo, e que está para seu objeto, que é uma ocorrência, através de uma possibilidade — um "pronome demonstrativo". (CP 2.259)
> (VII) 322, ou legisigno indexical dicente, é uma lei que é signo, e que está para seu objeto, uma ocorrência, através de uma conexão de fato — um "pregão de mascate". (CP 2.260)
> (VIII) 331, legisigno simbólico remático, é uma lei que está para um objeto da mesma natureza através de uma possibilidade — um "substantivo comum". (CP 2.261)
> (IX) 332, ou legisigno simbólico dicente, que é uma lei, interpretada como estando para um objeto da mesma natureza através de uma conexão de fato — é uma "proposição ordinária". (CP 2.262)
> (X) 333, ou legisigno argumental simbólico, que é uma lei, e representa um objeto da mesma natureza como uma lei — "argumento". (CP 2.263)

Examinemos dois exemplos, com algum detalhamento — um fenômeno poético, como uma rima, classificada como uma "rima esdrúxula", e um designador verbal, um pronome —, antes de introduzir a tecnicalidade desenvolvida por Peirce. Esses exemplos adiantam, e contextualizam, o tópico que vou abordar na próxima seção, que tem muitas implicações na semiótica madura de Peirce, mas ainda é mal compreendido — relações de pressuposição hierárquica entre as classes.

Em termos gerais, uma rima é um paralelismo fonológico que comunica uma qualidade fônica (ícone) para um intérprete (leitor ou ouvinte). Toda rima baseia-se numa analogia. Quando reconhecida, e mais especialmente quando classificada, ela pode ser definida como um signo geral (legisigno), cujo objeto é um padrão regular de atividade fonológica (símbolo) interpretado iconicamente (rema). Na notação que vimos acima, um 331. Devemos distinguir: (i) qualidade incorporada no objeto que é comunicada pelo legisigno como uma qualidade (ícone); (ii) identificação de uma classe de qualidades (por exemplo, uma "rima esdrúxula"), ou uma qualidade geral. Uma rima classificada, que resulta da identificação de uma qualidade fonológica geral, e que pode ser característica de um período literário, e se repete regularmente em um autor (por exemplo, Augusto dos Anjos), ou em vários autores.[100]

Se aquilo que o objeto (geral) comunica para o intérprete, por meio do signo, é uma classe de qualidades, por exemplo, um arranjo estável de propriedades fônicas, estamos examinando um símbolo (classe de rimas: "rima esdrúxula"). O signo de um objeto assim, pelas regras de restrições que vimos na seção anterior, só pode ser um geral, e é uma lei, ou um legisigno. Um signo particular (sinsigno), desses que observamos *in acto* de leitura, ou na declamação de um poema, que é um *token*, não deve ter por objeto uma classe, ou uma lei. Se examinamos uma rima particular, instanciada, mas ainda não classificada, um encontro de duas qualidades fônicas particulares que interpretamos como análogas, então examinamos um sinsigno icônico, um signo particular (*token*) cujo objeto é uma qualidade, neste caso, baseado em uma relação icônica. Na notação acima, um 211.

Mas podemos ter dificuldade para classificar algo que reconhecemos como uma rima. Neste caso, examinamos um padrão, um legisigno, cujo objeto é apenas uma qualidade, e não uma classe, mas cuja interpretação ainda é uma analogia (legisigno icônico remático, 311). Mas se identificamos o objeto geral de um legisigno, por exemplo na poesia de Augusto dos Anjos, como um padrão regular ("rima esdrúxula"), então seu objeto é um símbolo. Seu interpretante ainda é um rema. Na notação acima, trata-se de um legisigno simbólico remático, 331. Notem que há uma ordem de pressuposição hierárquica operando aqui, lógica, e talvez cognitiva e temporal, de modo que não poderíamos ter chegado à poesia de Augusto dos Anjos (331) sem que tivéssemos identificado, antes, uma qualidade geral (311), e isso não teria acontecido antes de nossa observação de uma rima particular (211).

Vejamos mais um exemplo. Usamos designadores verbais todo o tempo. Eles são instanciações de *types*. Um pronome demonstrativo ("este", "aquele"), como um nome próprio, pode funcionar como um índice de um objeto que não está presente, mas ele é sempre interpretado como conectado a um objeto existente, e sua aprendizagem deve

[100] Em seu livro *Eu: e outras poesias*, 1912/1919, especialmente na primeira parte, existem muitos exemplos de rimas esdrúxulas: amoníaco, zodíaco, hipocondríaco, cardíaco, etc. No soneto "Psicologia de um vencido": vômito/indômito, entre outras.

ter envolvido um "dedo indicador apontado para um evento". O índice, ou a instanciação de um símbolo (por exemplo, um pronome), está para "um sistema de signos" como estão, por exemplo, os índices para seus objetos. Um pronome demonstrativo particular ("aquele!") é um sinsigno cuja função indexical depende dele ser observado como a réplica de uma lei (legisigno), a partir da qual pode funcionar como um índice em uma asserção. Neste caso, a dependência icônica parece irrelevante, de modo muito distinto de quando pensamos em um dedo apontando para um objeto, e mais ainda em uma fotografia, baseada em emulsão sensível à luz, apontando para seu objeto, como designadores. As enunciações FOGO!, ou GENOCIDA!, também atuam como designadores e podem ser classificados como legisignos indexicais dicentes (322). Como eventos locais, são réplicas, sinsignos indexicais dicentes (222), de um padrão regular capaz de repetidamente instanciar signos para indicar objetos (ou ações) particulares (legisignos indexicais dicentes, 332). Em quaisquer dos casos, seus interpretantes são dicentes, são signos interpretados como diretamente conectados a seus objetos, ou dicisignos.

Se um signo, que é uma lei, indica ou chama a atenção para um evento, satisfaz as condições de descrição de uma classe que não é um símbolo, mas um legisigno indexical. Qualquer instância dele é um sinsigno dicente, um signo particular que indica um existente por ser realmente afetado por ele, e é interpretado como estando em uma conexão de fato com seu objeto, um 222 — "como um pronome demonstrativo, ou um dedo apontado, [ele] dirige brutalmente o 'globo ocular mental' do intérprete para o objeto em questão" (CP 8.350). Um dos exemplos de Peirce desta classe é um "catavento" (CP 2.257). Um sinsigno indexical remático (221) é outra classe que age dirigindo a atenção para um objeto particular, e pode ser a instância (*token*) de um legisigno. A existência do objeto determina esta experiência. Mas diferentemente, a associação entre os dois é interpretada como uma "mera possibilidade", um rema.

Como mencionei acima, estes dois exemplos preparam-nos para a próxima seção. A questão mais crucial observada aqui é: como estão relacionadas as classes? Como já afirmei, este é um tópico ainda mal detalhado, pouco discutido e exemplificado.

3.4.4 Relações de pressuposição hierárquica entre as 10 classes

Vou descrever as relações de pressuposição como elas aparecem em CP 2.254-263: o qualisigno icônico remático (111), está na base da classificação; o sinsigno icônico remático (211), "envolve" o qualisigno icônico remático (111); o sinsigno indexical remático (221), "envolve" o sinsigno icônico remático (211); o sinsigno indexical dicente (222), "envolve" o sinsigno icônico remático (211) e o sinsigno indexical remático (221); o legisigno icônico remático (311), "governa" o sinsigno icônico remático (211); o legisigno indexical remático (321) "é, em uma certa medida, para seu interpretante", o legisigno icônico remático (311), enquanto sua "réplica" é o sinsigno indexical remático (221); o legisigno indexical dicente (322) "envolve" o legisigno icônico remático (311) e o legisigno indexical remático (321), enquanto sua "réplica" é o sinsigno indexical dicente (222); o legisigno simbólico remático (331) "compartilha da natureza" do legisigno indexical remático (321) e do legisigno icônico remático (311), enquanto sua réplica é o sinsigno indexical remático (221); o legisigno simbólico dicente (332) "atua como um símbolo remático", embora para seu interpretante seja o legisigno indexical dicente (322), "e ele compartilha desta natureza, embora esta não seja toda sua natureza"; sua réplica é o sinsigno indexical dicente (222); o argumento (333) é um signo cuja réplica é um sinsigno indexical dicente (222).

Pode-se dividir em três grupos as relações descritas: (i) "envolvimento": 211>111, 221>211, 222>221, 222>211, 322>311, 322>321, 332>331, 332>321; (ii) "governar réplica": 311>211, 321>221, 322>222, 331>221, 332>222, 333>222; (iii) "seu interpretante representa-o como ..., e isso ele o é" (compartilha da natureza): 321>311, 331>321, 331>311, 332>322. Podemos enunciar duas regras para descrever os grupos. Uma modificação, em qualquer aspecto da relação (primeiro, S-S, segundo, S-O, e/ou terceiro, S-O-I), 2>1, descreve as oito relações do primeiro grupo e uma relação do terceiro grupo (321>311). Uma modificação 3>2 descreve as seis relações do segundo grupo e duas do terceiro grupo (331>321, 332>322). Está excluída das regras apenas uma relação, 331>311. Para Peirce (CP 2.261), trata-se de um caso particular, e indica que "em certos casos" o 331 "compartilha da natureza do 311".

É, portanto, possível "reduzir" a variedade das relações entre as classes a dois tipos de relação: "relações de envolvimento" (2>1) e "relações de instanciação" (3>2).[101] Esta generalização está baseada em dois tipos de relação — *token>tone*, 2>1; *type>token*, 3>2 —, e, por sua vez, baseiam-se nas relações entre as categorias (CP 1.528, 5.49, 5.91) e descrevem como "gerais" (*types*) "instanciam" um número indeterminado de "singulares" (*tokens*), ou existentes, e prescrevem suas qualidades (*tone*): "envolvimento" (secundidade> primeiridade, 2>1), "instanciação" (terceiridade> secundidade, 3>2). Segundo Savan (1987-88: 13), "Peirce repetidamente indicou que 'leis' não têm realidade sem instanciações em existentes. São regularidades na ação da natureza que conferem às leis seu 'ser'. Isto é, as leis não existem independentemente de suas instanciações em um céu Platônico." Por sua vez, existentes dependem das "qualidades de que são feitos".

> "Um caráter significativo indefinido tal como o tom de uma voz não pode nem ser chamado de Type nem de Token. Eu proponho chamar este signo de Tone. Para um Type ser usado, ele tem de estar incorporado em um Token, que será um signo do Type, e deste modo, do objeto que o Type significa. Eu proponho chamar o Token de um Type de uma instância do Type". (CP 4.537)

Em outros termos, instanciação é uma relação *type>token* (legisigno> sinsigno de tipo especial). É o modo como o legisigno, um signo que é uma lei, "governa suas réplicas", ou sinsignos (CP 2.258): "todo legisigno significa através de uma instância de sua aplicação, que pode ser denominado uma réplica dele. A réplica é um sinsigno. Então, todo legisigno requer sinsignos" (CP 2.246). O sinsigno, por sua vez, "envolve um qualisigno" (CP 2.245), isto é, envolve uma qualidade (CP 2.254), ou um complexo de qualidades. "Envolvimento" é uma relação de "implicação" de uma classe de signo, com caráter de primeiridade, em signos de secundidade (CP 2.255-262).

[101] Liszka (1996: 46), Serson (1997: 135-136).

Em um dos exemplos de Peirce (CP 2.257), um "catavento" (222) para "significar" deve envolver um "sinsigno icônico para incorporar a informação e um sinsigno indexical remático para indicar o objeto ao qual a informação se refere". Como veremos (próximo capítulo) uma proposição ordinária deve envolver termos lógicos (CP 2.262): 332>331. Estes termos são símbolos remáticos e a proposição os envolve "para expressar sua informação", assim como envolve 321s "para indicar o sujeito de sua informação".

3.5 Vinte e oito e sessenta e seis classes de signos

Serei muito breve sobre as vinte e oito e sessenta e seis classes de signos.[102] Trata-se de um dos tópicos mais movediços da semiótica madura de Peirce, ainda virtualmente inexplorado. A subdivisão das tricotomias é o mais importante incremento destas classificações. Vou me deter apenas na apresentação destas tricotomias. Em (MS 339: 503), Peirce afirma que "é muito claro que existem mais quatro divisões que devem ser levadas em consideração. Talvez mesmo mais." Isso fornece 10 divisões: "eu tenho clara apreensão de algumas [...], insatisfatória e duvidosa noção de outras [...], uma tolerável mas não minuciosa concepção de outras" (CP 8.340).

Em uma carta de 23 dezembro de 1908 para Lady Welby (L 463: 142-46 e 150-160, EP 2: 478-91), Peirce apresenta "dez aspectos de acordo com os quais as principais divisões de signos são determinadas", começando com "modo de ser" ou "modo de apreensão" do "signo ele mesmo". A expressão "modo de ser do signo ele mesmo" aparece em dois manuscritos (L 463: 134 e 150), mas em (L 463: 150) "ser" é substituído por "apreensão". Estas divisões são seguidas por três "aspectos" que se referem ao objeto, que são seguidos por três aspectos que se referem ao interpretante (tabela 3.5).

> 1*, de acordo com o modo de apreensão do signo ele mesmo;
> 2*, de acordo com o modo de apresentação do objeto imediato;

[102] Para aqueles interessados nas classificações estendidas, recomendo: Jappy (2018, 2021), Farias & Queiroz (2017a, 2006), Borges (2010, 2014).

> 3*, de acordo com o modo de ser do objeto dinâmico;
> 4*, de acordo com a relação do signo com seu objeto dinâmico;
> 5*, de acordo com o modo de apresentação do interpretante imediato;
> 6*, de acordo com o modo de ser do interpretante dinâmico;
> 7*, de acordo com a relação do signo com o interpretante dinâmico;
> 8*, de acordo com a natureza do interpretante normal;
> 9*, de acordo com a relação do signo com o interpretante normal;
> 10*, de acordo com a relação triádica do signo com seu objeto dinâmico e com seu interpretante normal" (L 463: 134, 150; EP 2: 482-3).

Entretanto, na carta de 23 de dezembro de 1908 (EP 2:481), Peirce estabelece uma ordem de determinação para as tricotomias que começa com dois objetos (dinâmico e imediato):

> "[...] e segue-se da definição de signo que, desde que o objeto dinamóide determina o objeto imediato,
> que determina o signo ele mesmo,
> que determina o interpretante destinativo,
> que determina o interpretante efetivo,
> que determina o interpretante explicito,
> as seis tricotomias produzirão apenas 28 classes, e se [...] existem outras quatro
> tricotomias [...], isto produzirá 66 classes. As quatro tricotomias adicionais são [...],
> ícones / índices / símbolos
> e, então três se referem aos interpretantes [...]:
> sugestivos / imperativos / indicativos
> [...] Signos garantindo seus interpretantes por
> instinto / experiência / forma
> [...]
> semes / phemes / delomes" (EP 2: 481).

Em ambos os casos, Peirce afirma não estar absolutamente certo sobre a exata ordem destas tricotomias (EP 2: 481,483). Mais do que isto, ele se refere a três tipos de interpretantes usando diferentes termos: imediato, dinâmico e normal (L 463: 134, 150; EP 2: 482); destinativo, efetivo e explícito (EP 2: 481). Os problemas terminológicos são enormes. Não nos deve, portanto, surpreender que haja divergências entre especialistas. Segundo Houser (1992: 502), "um detalhado desenvolvimento da análise de Peirce da teoria do signo, em todo o seu conjunto, das dez divisões e 66 classes, é, talvez, o mais árduo problema para os semioticistas peirceanos".

1º, De acordo com o modo de apreensão do signo ele próprio	signo ele próprio	S	1. Qualisigno (*tone*, *mark*, *potisign*) 2. Sinsigno (*token*, *actisign*, réplica) 3. Legisigno (*type*, *famisign*)
2º, De acordo com o modo de apresentação do objeto imediato	objeto imediato (degenerado)	Oi	1. Descritivo 2. Denominativo (*designative*) 3. Distributivo (*copulative*, *copulant*)
3º, De acordo com o modo de ser do objeto dinâmico	objeto dinâmico (externo, dinâmico, *dynamoid*)	Od	1. abstrativos (possíveis) 2. concretivos (ocorrências) 3. coletivos (coleções)
4º, De acordo com a relação do signo com o objeto dinâmico	relação do signo com o objeto dinâmico	S-Od	1. ícone 2. índice 3. símbolo
5º, De acordo com o modo de apresentação do interpretante imediato	interpretante imediato (*Felt*, duplamente degenerado, destinate, emocional)	Ii	1. hipotético (ejaculativo) 2. categórico (singular, imperativo) 3. relativo (significativo)
6º, De acordo com o modo de ser do interpretante dinâmico	interpretante dinâmico (singularmente degenerado, efetivo, energético)	Id	1. simpatético (*congruentive*) 2. percurssivo 3. usual

7º, De acordo com a relação do signo com o interpretante dinâmico	relação do signo com o interpretante dinâmico (maneira de apelação ao interpretante dinâmico)	S-Id	1. sugestivo (*ejaculatum*) 2. imperativo (interrogativo) 3. indicativo (cognificativo)
8º, De acordo com a natureza do interpretante normal	interpretante final (explícito, lógico, logical, normal, eventual)	If	1. gratífico 2. practical (produzir ação) 3. pragmatístico
9º, De acordo com a relação do signo com o interpretante normal	relação do signo com o interpretante normal (natureza da influência do signo)	S-If	1. rema (sema, termo, sumisigno) 2.signo dicente (fema, proposição) 3.argumento (deloma, *suadisign*)
10º, De acordo com a relação triádica do signo com o objeto dinâmico para o interpretante normal	relação triádica do signo com o objeto dinâmico para o interpretante final (natureza da garantia da declaração, relação do interpretante lógico ou final com o objeto)	S-Od-Ig	1. instintivo (garantia por [de] instinto) 2. experiencial (garantia por [de] experiência) 3. habitual (garantia por [de] forma)

Tabela 3.5: Descrição das dez tricotomias (66 classes de signos).

4. Conclusão

As classificações sígnicas descrevem tipos de relações concebíveis, de acordo com diferentes perspectivas (divisões tricotômicas) em que a tríade S-O-I pode ser examinada. Muitas modificações foram feitas, em mais de 40 anos de trabalho com diversos modelos. Diversas perguntas podem ser formuladas: "por que", "como", "para que", "sob que condições" são concebidas as novas divisões tricotômicas e as novas classificações? Qual a extensão das modificações introduzidas pela noção de degeneração, na teoria do signo, a partir de 1885, e como ela afeta as classificações seguintes? Como as modificações produzem modelos cada vez mais sofisticados?

Para explicar "porque" as classificações são modificadas, e expandidas, alguns autores sugerem a idéia de uma "faneroscopização"[103] das relações observadas em S-O-I, um argumento que parece convincente, uma vez que as maiores transformações são contemporâneas ao desenvolvimento da faneroscopia, e são apresentadas junto dela (Harvard Lectures). Deledalle (1990), por exemplo, localiza no período que chama de "The Sun Set Free", entre 1887-1914, a "fundação" da semiótica na faneroscopia. O problema com o argumento de Deledalle é que ele cobre um período grande demais para funcionar com precisão. De outra perspectiva, mas na mesma linha, há a sugestão de Liszka (1996: 128) sobre a introdução de elementos (tricotomias) não-formais, baseados na faneroscopia (por exemplo, "modo de apreensão do signo", "modo de apresentação do objeto imediato").

Pode-se também falar de uma "pragmatização" das classificações. Para Freadman (2001b: 1), o pragmatismo é o responsável pela "proliferação de novas divisões" tricotômicas, que "força ajustes técnicos que anunciam a introdução de novas classes". E o principal ajuste parece ser a incorporação do interpretante a todas as análises da tríade S-O-I, algo permitido pela natureza "cruzada" das análises tricotômicas, a partir de 1903. Em 1902 (MS 427: 142), Peirce, tratando das classificações hierárquicas de tradição aristotélica, pergunta: "Por que biólogos impõem sobre a natureza uma classificação hierárquica como a única forma?" Para Freadman (2001b), a primeira classificação é orientada por uma lógica de gêneros e espécies, enquanto as classificações cruzadas por uma lógica de sistemas e relações. Segundo Peirce,

> "A lógica ordinária tem muito a dizer sobre gêneros e espécies, ou, no jargão de nosso século XIX, sobre classes. Uma classe é um conjunto de objetos constituído por tudo o que está em uma relação especial de similaridade. Mas onde a lógica ordinária fala de classes, a lógica de relativos fala de sistemas. Um sistema é um conjunto de objetos constituído por tudo o que está em um grupo de relações conectadas". (CP 4.5)

As analogias com modelos da química parecem funcionar como "princípio guia" de um novo tipo de projeto. As conexões com os desenvolvimentos dos GE, a partir de 1896, são muitas — conceitos, signos, etc,

[103] Parker (1998: 163), Marty (1990).

possuem "valências", que formam estruturas de acordo com as quais os signos podem ser analisados. Mas como estão associados os GE, a lógica das relações e as classificações? Peirce é enfático sobre uma conexão entre estes domínios: "Inventei diversos sistemas de signos para lidar com relações. [...] Fui, finalmente, levado a preferir o que eu chamo de sintaxe diagramática" (MS L231).

Uma classe passa a ser definida como um sistema de relações. O cruzamento (relação) entre as "respostas" (relações) obtidas a partir das tricotomias (relações) produzem "compostos de relações" que, segundo a sugestão de Tursman (1987: 38), são formados por "ligações fanero-químicas". É conhecida a admiração de Peirce pela descoberta da "tabela periódica" por Mendeleev, apresentada em 17 de fevereiro de 1869. Para Freadman (2001b),

> "a tabela é interessante porque é um exemplo de um tipo de sistema que Peirce propõe como uma alternativa às classificações hierárquicas de tradição aristotélica. Ela pode também ser analisada como uma formalização matemática. Descrevendo os trabalhos da tabela, em um manuscrito não datado (MS 693), Peirce usa termos similares aos que tinha usado para descrever a matrix de relações diádicas (MS 593), e chega a construir as funções e argumentos da tabela como relações matemáticas. O ponto importante aqui é o seguinte: as classificações da química e da matemática, embora não necessariamente as mesmas, seguem juntas em sua contestação da predominância do modelo biológico, porque ambas admitem classificações cruzadas (MS 427: 142-3). Os princípios do sistema são explicados pela matemática, e exemplificados empiricamente pela tabela periódica. A segunda classificação de signos é a contribuição de Peirce deste procedimento."

Esta pode ser uma explicação convincente (embora ainda superficial) sobre "porque" e "sob que condições" as novas classificações foram construídas. Resta explorar "como" e "para que". No próximo capítulo, vou apresentar os diagramas de Peirce, que chamarei de "diagrama de relações periódicas", e de "relações de afinidade", entre as classes 3-tricotômicas, além de diversos modelos gráficos sobre as dez classes, de acordo com diversos autores.

IV

Dez classes de signos

Modelos gráficos cf. Balat, Marty, Jappy, Merrell, Queiroz. Análise do argumento e da proposição lógica. Sign design.

Vou me concentrar, neste capítulo, nas relações entre as dez classes de signos, em seus diversos modelos gráficos, e nas principais ideias que subsidiam estes modelos. Aqui também lidamos com um variado ambiente de explicações, e modelos gráficos, e é justo perguntar se é possível que um tópico que tenha recebido tratamento tão rigoroso possa produzir versões tão distintas de sua estrutura. Esta questão tem diversas consequências. No melhor dos casos, ela indica diferentes, e talvez complementares, interpretações das relações entre as classes. No diagrama de Marty (figura 4.12), as classes são hierarquicamente ordenadas em um reticulado no qual todas as classes "incluem" as classes hierarquicamente "inferiores". Da perspectiva sugerida por Merrell (figura 4.13), os modelos propostos por Marty, e também por Balat (figuras 4.10 e 4.11), são capazes de descrever apenas as "propriedades estruturais" dos signos de maior generalidade. De fato, os operadores de Balat são unidirecionais e apontam "para baixo". Embora o mesmo não possa ser dito sobre o modelo de Marty, a hierarquia é expressa neste modelo sempre em uma perspectiva decrescente (*top-down*). Veremos que, de acordo com Merrell (1991), as relações que ele chama de "geração semiósica", encontradas nos modelos de Balat e Marty, são insuficientes para descrever a semiose, baseadas, segundo o autor, em processos faneroscópicos que operam dos qualisignos para os legisignos (*bottom-up*).

Peirce fez dois modelos gráficos para as dez classes de signos (figuras 4.1 e 4.2):

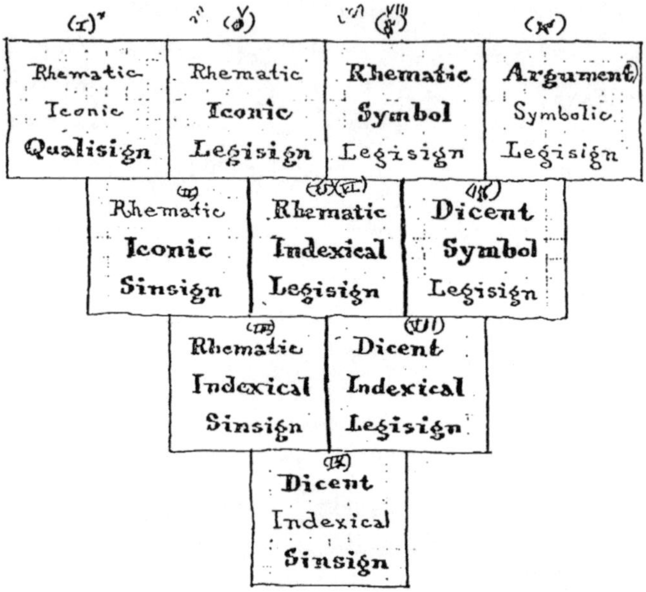

Figura 4.1: Dez classes de signos (CP 2.264, EP 2:296).

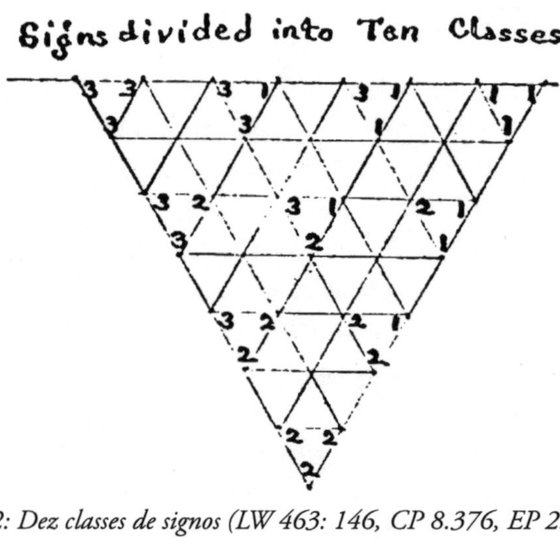

Figura 4.2: Dez classes de signos (LW 463: 146, CP 8.376, EP 2:491; 1908).

Estes modelos, cujas estruturas vou analisar em detalhes ao fim deste capítulo, não relacionam hierarquicamente as classes. Por que fazê-lo? Se há relações relevantes que são relações de dependência, então este diagrama deve ter, ao menos, conexões orientadas, de modo que se possa ver a ação de uma classe sobre outra, formando uma rede de pressuposições. Jappy (1984: 19), ao comentar os diagramas de Marty (1982), resume assim as "inegáveis vantagens" de uma versão visual das relações de dependência entre as classes: "As relações entre as diferentes classes de signos são agora hierárquicas, visualmente aparentes e podem ser checadas juntamente com os percursos entre as classes." Um diagrama com conexões pode indicar as relações nas quais os legisignos, que são signos de lei, devem "instanciar", ou "governar", sinsignos, sem os quais não podem funcionar como legisignos. Um diagrama deste tipo mostra como os sinsignos devem "envolver" signos de qualidade, e quais signos devem "envolver", para existirem como signos. Como Peirce não submete as classificações a um tratamento gráfico que represente as relações de dependência entre as classes, não fornece um modelo gráfico destas relações.

Vou, neste capitulo: (i) explorar a correspondência entre semiose e inferência; (ii) apresentar um modelo gráfico das 10 classes, no contexto desta correspondência, e em diálogo com uma discussão já travada sobre ela;[104] (iii) apresentar os diagramas de diversos autores ligados à Universidade de Perpignan;[105] (iv) apresentar a visão de Floyd Merrell (1991, 1995a, 1997, 1998) e um de seus diagramas (1991); (v) introduzir uma metodologia, que chamamos de "sign design".[106] Como resultado desta metodologia vou apresentar dois casos de sua aplicação: *Sanders I* e diagramas triangulares. (vi) Termino este capítulo com uma discussão sobre a aplicação desta metodologia às classificações sígnicas.

[104] Hilpinen (1982, 1992), Houser (1992b), Thibaud (1996).

[105] Especialmente: Marty (1982), Jappy (1984), Balat (1989-91).

[106] Farias & Queiroz (2000a, b, 2001, 2017a).

1. Mente, semiose e inferência lógica

Um dos principais problemas enfrentados por Peirce, para Hookway (1985: 94), é "como é possível usar um elemento de nossa experiência como uma representação de outro elemento?".

> "No que consiste a realidade da mente? Temos visto que o conteúdo da consciência, a inteira manifestação fenomenal da mente, é um signo resultando de inferência. [...] Devemos concluir que a mente é um signo se desenvolvendo de acordo com as leis da inferência". (CP 5.313)
> "Todo pensamento, ou representação cognitiva, é da natureza de um signo". (CP 8.191)

A idéia de que o pensamento é um signo está em muitas passagens da obra de Peirce (CP 5.234, 5.251, 5.318, NEM 3:883), constitui uma teoria pragmática da cognição de base anti-cartesiana com raízes em 1868-69 (W 2:193-272), tem muitas variações, e culmina em outra forma de correspondência:

> "A Lógica é, em seu sentido geral, como acredito ter mostrado, apenas outro nome para semiotica ({sémeiötiké}), a quase-necessaria, ou formal, doutrina dos signos". (CP 2.227)

São estas as principais idéias que subsidiam esta correspondência:

(i) A inferência é generalizada e estendida a todo comportamento que apresente qualquer forma de periodicidade, síntese, crescimento (CP 6.255). Para Peirce, pode-se associar às idéias de bifurcação, crescimento, diversificação, evolução, e síntese, a idéia de inferência lógica, processo que "conecta um termo a outro, uma proposição a outra, um argumento a outro", e esta conexão é "tal que a passagem do antecedente para o consequente vincula mudança e crescimento." (Savan 1987-88: 1)

(ii) Inferências lógicas incluem a dedução, a indução, e formas não-demonstrativas de inferência (abdução), e todo pensamento, não importando seu grau de complexidade, pode ser explicado como uma combinação desses tipos. (CP 5.269, 5.274, 5.277-8)

(iii) A relação entre semiose e inferência pode ser comparada à seguinte forma de correspondência: há na lógica proposicional, primeiro, o *ground* do argumento (no argumento silogístico, a interrelação de seus termos); segundo, há a referência da proposição aos seus correlatos, em virtude dos quais são proposições verdadeiras ou falsas; terceiro, há a "cópula proposicional", que é identificada com o *leading principle* da inferência. Para Peirce, são precisamente três os elementos necessários e suficientes para definir o signo: primeiro, há o fundamento do signo; segundo, o signo "está para" algum objeto; terceiro, há uma regra geral que permite ao signo mediar entre o objeto e alguma "tradução" deste objeto, sendo esta tradução uma representação do signo, ou seu interpretante.[107]

(iv) Há uma "homogeneidade sintática"[108] entre predicado, proposição e inferência. Assim, o predicado é analisado como uma "asserção rudimentar" (CP 2.341), e a proposição como uma "argumentação rudimentar" (CP 2.344). Argumentos, proposições e termos (CP 3.440) têm uma sintaxe comum, não uma natureza comum (CP 2.95, 4.538).

(v) Peirce generaliza a noção de ilação (CP 3.440) que passa a expressar as conexões índice-ícone no termo, sujeito-predicado na proposição, e premissas-conclusão no argumento (CP 3.175). Assim, é possível falar, indistintamente, de sujeito, antecedente e premissa, de um lado, e de predicado, consequente e conclusão de outro: "Identificando a relação expressa pela cópula com aquela da ilação, nós identificamos a proposição com a inferência, e o termo com a proposição" (CP 3.175); "A relação ilativa é a primária e primordial relação semiótica" (CP 2.444 Fn P1 Para 2/2 p 269). Se são relações triádicas aquelas observadas nos termos, proposições e argumentos, obtemos o modelo gráfico:

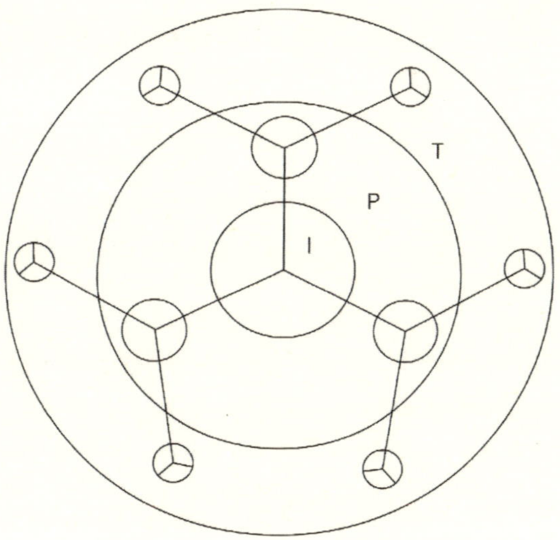

Figura 4.3: Correspondência entre termos, proposição e inferência.

[107] Savan (1987-88: 3).

[108] Thibaud (1996: 272), Serson (1997: 131).

2. Relações entre as 10 classes: modelo do argumento

Duas questões podem ser formuladas aqui: como a correspondência sugerida entre inferência, signo e mente, pode encontrar nas dez classes de signos, e em sua organização mantida por "relações de prescindibilidade" (Hookway 1985: 96), um modelo da semiose? Como uma descrição de "todas as variedades de ação mental a uma forma lógica geral" (CP 5.279), baseada nas dez classes, pode ser observada? Hartshorne & Weiss, na introdução do segundo volume dos *Collected Papers* (1932, CP 2: iii), afirmam: "O presente volume trata das dez classes de signos que Peirce analisou em detalhes. Suas divisões revelam não apenas como os signos são classificados, mas porque, por exemplo, existe somente um tipo de abdução, dois tipos de dedução, e três tipos de indução. [...] Esta teoria dos signos é uma nova disciplina; sua aplicação em detalhes ele deixou para outros." Houser (& *Peirce Edition Project*) retomam o argumento de Hartshorne & Weiss quando sugerem, na introdução crítica à quinta seção do *Syllabus* (EP 2:289, MS 540; 1903), uma conexão entre a teoria do signo e uma análise da estrutura do argumento. Em outro artigo, Houser (1992: 490), em resposta a Hilpinen (1992), afirma que tal análise só é permitida por uma "teoria semiótica estendida", isto é, por uma teoria do signo baseada em três divisões tricotômicas. Para Thibaud (1996: 267), esta classificação permite responder duas questões: O que informa uma proposição? Como ela informa?

Vejamos a proposição de acordo com uma "teoria semiótica estendida". A natureza da proposição, e a distinção entre proposições, asserções e julgamentos,[109] uma distinção já feita por Frege, em 1892 (*Uber Sinn und Bedeutung*), e por Russell (1918), interessaram diversos autores. Para Peirce (MS 517; NEM 4: 248, 1904), "uma proposição pode ser afirmada, negada, julgada, posta em dúvida, colocada como uma questão, desejada, questionada, efetivamente ordenada, ou meramente expressa, e isto não a faz diferente". Proposições são símbolos interpretados como índices, ou símbolos dicentes — "a essência da proposição é que ela pretende ser observada como estando em uma relação existencial com seu objeto, como é um índice" (CP 4.572). Proposições são

[109] Hilpinen (1992: 467)

constituídas por índices (sujeitos) e ícones (predicados). O predicado é um signo remático, e deve ser um ícone.

> "Uma proposição consiste de duas partes — o predicado, que excita algo como uma imagem (ou sonho) na mente do intérprete, e o sujeito, ou sujeitos, cada um dos quais serve para identificar algo que o predicado representa". (MS 280: 32, 1905)

Mais detalhadamente, uma proposição é um legisigno simbólico dicente (332) (CP 2.262), um signo que está para seu objeto através de uma lei, relação que é interpretada como "existente". O predicado de uma proposição é um signo remático. Para Houser (1992b: 493), o predicado é um legisigno icônico remático (311). O sujeito (ou sujeitos), que são nomes próprios, ou pronomes demonstrativos, são legisignos indexicais remáticos (321) (LW 22-36, CP 2.262). Aparece aqui um problema. Segundo Houser, o sujeito é um legisigno indexical dicente (322) — "o elemento chave aqui é o elemento indexical [...], mas não apenas deve o sujeito ter uma conexão real (existencial) com seu objeto, certamente ele também deve ser interpretado como estando realmente conectado com ele" (Houser 1992: 494). Ele requer que seja interpretado como um signo dicente. Em carta para Ladd-Franklin,[110] Peirce afirma que

> "O símbolo é um signo de seu objeto meramente porque ele será interpretado como tal. [...] Então um nome próprio não é um símbolo. A primeira vez que você ouvi-lo, ele é um índice [sinsigno indexical]. Por fim, um hábito faz dele um legisigno, mas ele sempre permanece um índice."

Como estão (triadicamente) relacionados a proposição, seu predicado e seus sujeitos? Segundo Peirce (CP 5.473), "o interpretante de uma proposição é seu predicado; seu objeto é a coisa denotada por seu sujeito, ou sujeitos (incluindo seus objetos gramaticais, direto, indireto, etc)." Para Hilpinen (1992: 475), "a proposição representa o objeto indicado por seu sujeito, como o objeto de seu predicado, e neste caso o predicado

[110] Fragmento não datado, em "Rare book and Manuscript Library of Columbia University" (*apud* Houser 1992: 494).

pode certamente ser observado como interpretante da proposição". A proposição é verdadeira se o objeto do sujeito é o objeto do predicado: "toda asserção é uma asserção que dois diferentes signos têm do mesmo objeto" (CP 2.437). Hilpinen (1992: 475) interpreta assim esta afirmação: "uma proposição diz que o objeto do sujeito de uma sentença é o objeto do predicado, e se este não é o caso, a proposição é falsa". De volta a questão, como estão triadicamente relacionados sujeito e predicado?

Uma vez que podemos *tricotomizar* estas relações, por meio da divisão triádica representada pelo diagrama abaixo (figura 4.4), onde 1 é o signo da relação (ou primeiro correlato), 2 é o objeto da relação (segundo correlato) e 3 o interpretante da relação (terceiro correlato), temos:

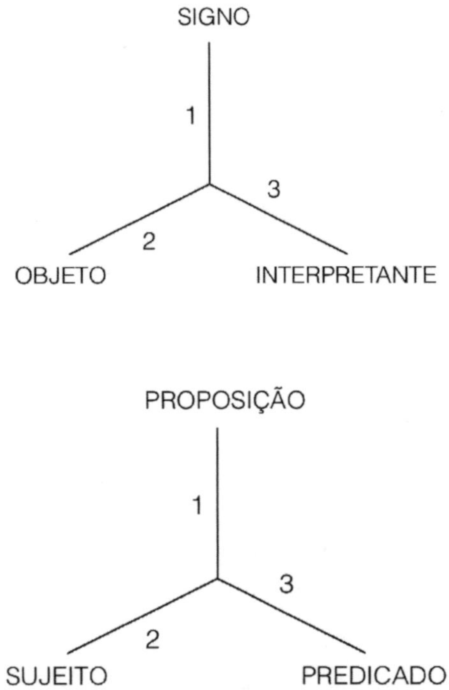

Figura 4.4: Comparação entre a estrutura triádica S-O-I e e a relação proposição-sujeito-predicado.

De acordo com as 10 classes, e incorporando a cópula proposicional à estrutura triádica, que permite conectar sujeito e predicado (CP 1.548), temos (figura 4.5):

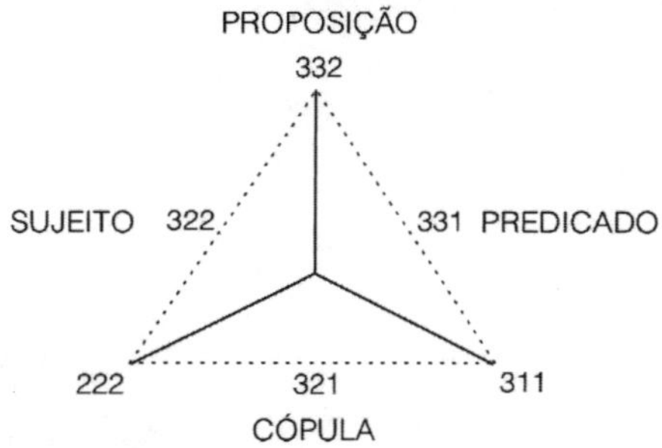

Figura 4.5: Estrutura triádica proposição- sujeito- predicado associada às dez classes de signos.

De acordo com este diagrama (figura 4.5) , o predicado é o interpretante da proposição (CP 5.473), um signo que é interpretado como um ícone, ou um rema — legisigno simbólico remático (331). O sujeito, segundo Houser (1992b: 494), é um legisigno interpretado como representando indexicalmente seu objeto (322). Mas como assinalei acima, há duas versões sobre a natureza do objeto, a respeito da qual, segundo Thibaud (1996: 270), Peirce revela certa hesitação. Em CP 2.262, o objeto da proposição é um legisigno indexical remático (321).

Graficamente obtemos duas versões (figuras 4.6 e 4.7).

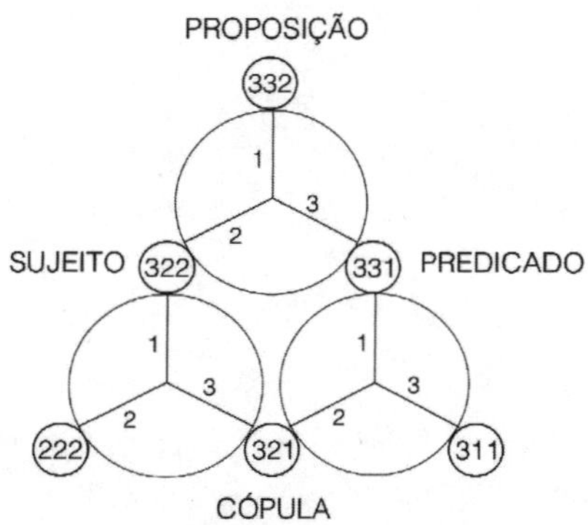

Figura 4.6: De acordo com esta interpretação, o sujeito da proposição, que é o segundo termo da primeira relação (tríade superior), é o primeiro termo da segunda relação (tríade inferior) cujo terceiro termo (interpretante) é a cópula proposicional. Este é o segundo termo da segunda relação em que o primeiro termo é o predicado. A cópula funciona como uma conexão entre sujeito e predicado; o objeto do signo é o predicado, e o interpretante do signo é o sujeito.

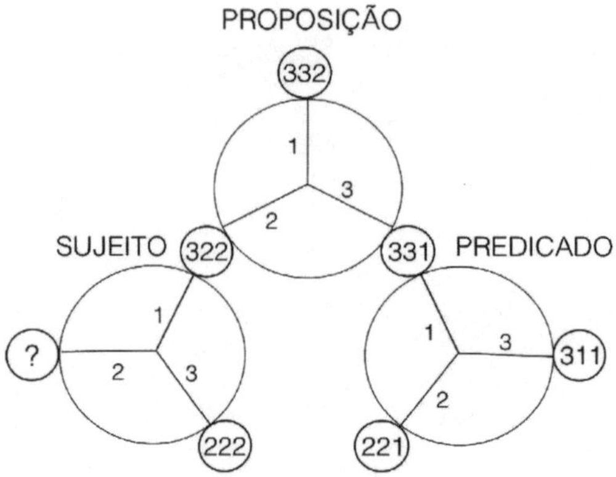

Figura 4.7: De acordo com esta interpretação, o interpretante do sujeito (222) não é o objeto do predicado, ficando desconexa a relação sujeito-predicado.

Se o predicado é o interpretante da proposição, seu objeto não pode ser o objeto do sujeito, mas seu interpretante (figura 4.6), que é neste diagrama a cópula proposicional (321). Neste caso, e de acordo com Houser (ibid.), o objeto do sujeito deve ser um existente (sinsigno indexical dicente, 222). E o objeto do predicado é o interpretante do sujeito (legisigno indexical remático) (321). Esta interpretação define o papel da cópula proposicional na relação triádica sujeito-predicado, e conecta, internamente, sujeito e predicado. Em outra escala, obtemos a seguinte construção (figura 4.8):

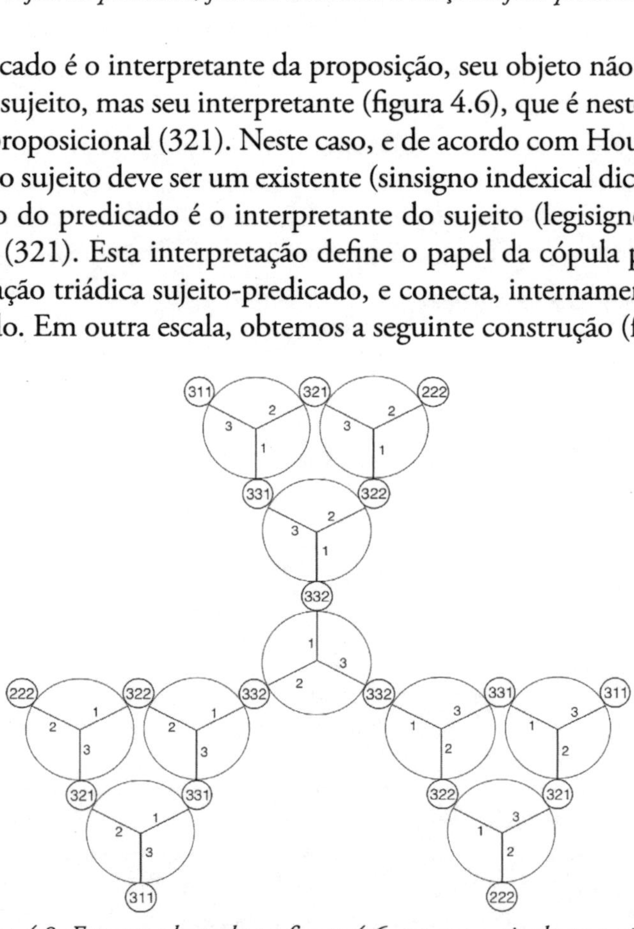

Figura 4.8: Estrutura baseada na figura 4.6. em que a cópula proposicional conecta sujeito e predicado.

3. Modelos gráficos das relações hierárquicas nas 10 classes

Vimos que duas regras podem ser enunciadas para descrever as relações entre as dez classes de signos: instanciação e envolvimento. Enquanto leis são instanciadas (existentes), existentes envolvem qualidades. Vejamos um símbolo dicente (332), que é um dos exemplos de Peirce — "Ezekiel ama Houlda"[111] — através destas relações: a proposição envolve dois sujeitos e um predicado. O predicado é o ícone de um hábito ("ama"). Os sujeitos são instanciados por dois 322 (legisignos indexicais dicentes): os nomes próprios "Ezekiel" e "Houlda" — signos que "requerem que cada um de seus casos sejam realmente afetados por seu objetos" (CP 2.260). Eles, por sua vez, envolvem 321s, "para denotar a matéria da informação", e 311s, "para significar a informação". O 322 deve instanciar um "Ezekiel" e uma "Houlda", existentes. "Ezekiel" e "Houlda", por sua vêz, devem envolver, combinados, sinsignos icônicos (211s), "para corporificar a informação", e sinsignos indexicais remáticos (221s), para "indicar o Objeto a que se refere a informação" (CP 2.257). Sobre o predicado: "ama" é um símbolo remático (331). Esta classe conecta-se a seu objeto através de uma "imagem geral". Esta associação acontece por meio de "certos hábitos ou disposições [da] mente [...] e sua réplica tende a produzir um conceito geral" (CP 2.261).

Estas relações são exibidas, no diagrama de Balat (figura 4.10), como dois tipos de setas: setas que designam relações de instanciação, e setas que designam relações de envolvimento.

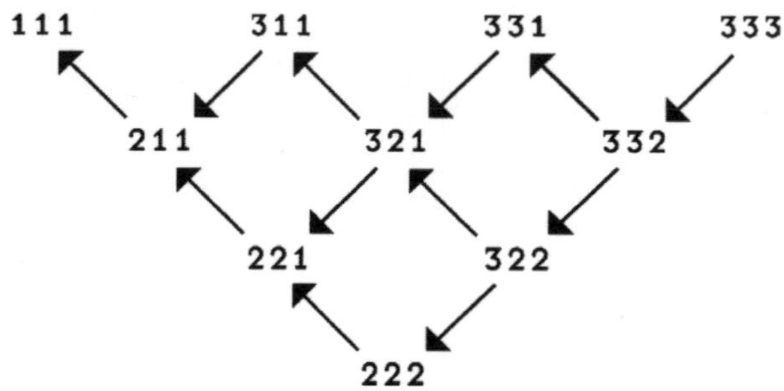

Figura 4.10: Diagrama das dez classes baseado em dois tipos de conexões orientadas (instanciação e envolvimento).

[111] Thibaud (1996), Serson (1997).

Conforme esta distinção, e de acordo com o diagrama acima, temos:

Relações de instanciação	Relações de envolvimento
333 – 332	332 – 331
332 – 322	322 – 321
331 – 321	222 – 221
322 – 222	321 – 311
321 – 221	221 – 211
311 – 211	
211 – 111	

Tabela 4.11: Divisão entre relações de instanciação e envolvimento.

O diagrama (figura 4.10) representa relações de envolvimento e instanciação entre signos de generalidade decrescente, da direita para esquerda. Assim, argumentos (333) instanciam proposições (332) que envolvem símbolos remáticos (termos, 331), para constituir o predicado da proposição, e legissignos indiciais dicentes (322) para "indicar" seu sujeito. Legisignos instanciam sinsignos, e assim sucessivamente até o qualisigno (111). A partir deste diagrama, Balat constrói um novo modelo (figura 4.11). Neste modelo, as classes são separadas em grupos de relação (análise abaixo) e as relações (hierárquicas e de dependência) são mantidas.

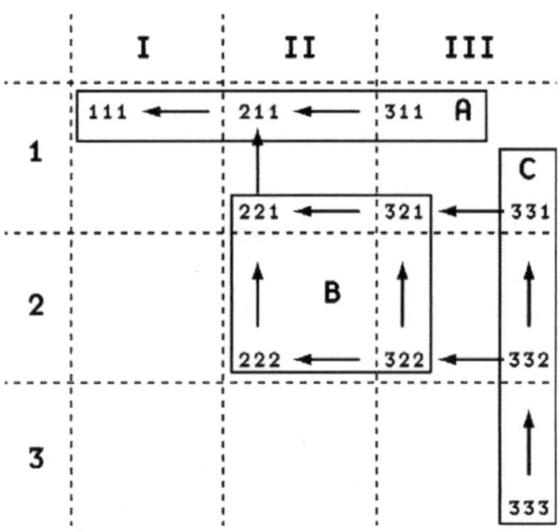

Figura 4.11: Diagrama das dez classes baseado em conexões orientadas (instanciação e envolvimento).

O diagrama (figura 4.11) é dividido em 3 linhas, 3 colunas, e 3 quadros. As linhas descrevem a natureza dos interpretantes. A linha 1 descreve os remas (6 membros); a linha 2, os dicentes (3 membros); a linha 3, o argumento (1 membro). As colunas descrevem a "natureza dos signos": a coluna I, o qualisigno (1 membro); a coluna II, os sinsignos (3 membros); a coluna III, os legisignos (6 membros). Os quadros descrevem a natureza da relação signo-objeto: o quadro A, os ícones (3 membros); o B, os índices (4 membros); o C, os símbolos (3 membros). De acordo com Balat, existem diferenças entre as setas horizontais que aparecem nas colunas I, II, e III: as setas da coluna I devem ser lidas como "incorporam"; as setas da coluna II como "é instanciado em"; as da coluna III como "governa" (Balat 1989-91: 86). Para Serson (1997: 135-136), as setas verticais, com exceção de 333 => 332, representam relações de "envolvimento". As relações descritas por este diagrama baseiam-se, por sua vez, no modelo de Marty (figura 4.12).

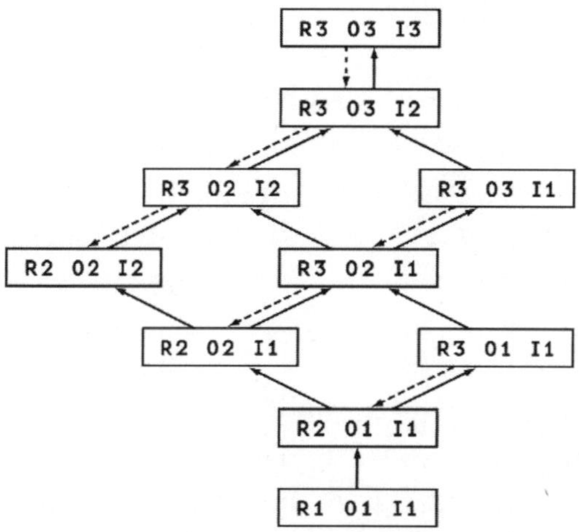

Figura 4.12: Estrutura hierárquica de relações entre as dez classes.

4. Merrell e os novos paradigmas da complexidade

Vou resumir, a partir daqui, as ideias de Floyd Merrell sobre as dez classes. Merrell (especialmente 1994, 1996) associa as classificações sígnicas a modelos desenvolvidos no domínio da física de sistemas termodinâmicos, baseado nos novos paradigmas da complexidade. Alguns dos conceitos de que faz uso para descrever as classes incluem "simetrias quebradas" e "estruturas dissipativas",[112] emergência e auto-organização em sistemas complexos,[113] hiperciclo,[114] autopoiesis.[115] Em sua visão, signo e faneron são processos complementares (Merrell 1991: 1):

> "a Faneroscopia é uma atividade teórica complementar à Semiótica [...] 'Representamens', objetos, e interpretantes podem estar sujeitos a (1) Faneroscopia (ou Faneroquímica) — um estudo de "signos-pensamento" que são itens da experiência interna, abrangendo, em termos de duração, de uma fração de segundo até uma vida [...], ou (2) Semiótica propriamente dita — um estudo da semiose (processo em que os signos transformam-se em outros signos)".
> "Faneroscopia e Semiótica são a mesma teoria descrita em duas linguagens diferentes e complementares. Desse modo, signos ('signos-pensamento' e 'signos-eventos' 'lá fora') são para a semiótica o que fanerons ('signos-pensamento', 'aqui dentro') são para Faneroscopia."

Esta equivalência, também sugerida por Tursman (1987: 25), pode ser interpretada assim: os resultados das investigações da semiótica são os mesmos, em diversos aspectos, e em "linguagens complementares", àqueles obtidos pela faneroscopia. Assim: (i) os elementos indecomponíveis descobertos no faneron são aqueles descritos pela lógica das relações (CP 1.293); (ii) as valências faneroquímicas são três classes de predicados (monovalente, bivalente, trivalente) (CP 5.469); (iii) as categorias cenopitagóricas — primeiridade, secundidade, terceiridade — equivalem às valências faneroquímicas (CP 1.299); (iv) as leis descobertas no faneron equivalem àquelas descritas pela semiótica e descobertas no signo.

Para Merrell (1997: 135), a faneroscopia descreve um processo de formação de "compósitos sígnicos" — signos (fanerons) reunidos em "aglomerados" (*clusters*). Este processo pode ser examinado, nas dez classes, em dois movimentos complementares: 111 =>333 (geração semiótica), e 333 =>111 (degeneração faneroscópica). A faneroscopia observa o processo da semiose em composições cada vez menos gerais. Ao mesmo tempo, a semiótica

[112] Prigogine & Stengers (1984).
[113] Depew & Weber (1999).
[114] Eigen (1979).
[115] Maturana & Varela (1980).

considera "signos-eventos" relativos à percepção do mundo, e começa com signos menos gerais (111), "engendrados para cima", até 333.

Podemos, portanto, através das 10 classes, examinar o desenvolvimento da semiose em duas direções — aumento de generalidade, ou "geração semiótica", e decréscimo de generalidade, ou "degeneração faneroscópica". Estes desenvolvimentos têm percursos preferenciais. Isto explica porque não é possível que um argumento (333), em um "salto de transformação", passe a uma vaga impressão dos ícones implicados em suas premissas. Também não é possível conceber como um signo particular, um existente, que está para um objeto através de uma conexão de fato (222), possa se transformar em uma proposição ordinária (322). Um tratamento gráfico, das possibilidades de transformação concebidas por Merrell, resultou em muitos diagramas (por exemplo, figura 4.13).

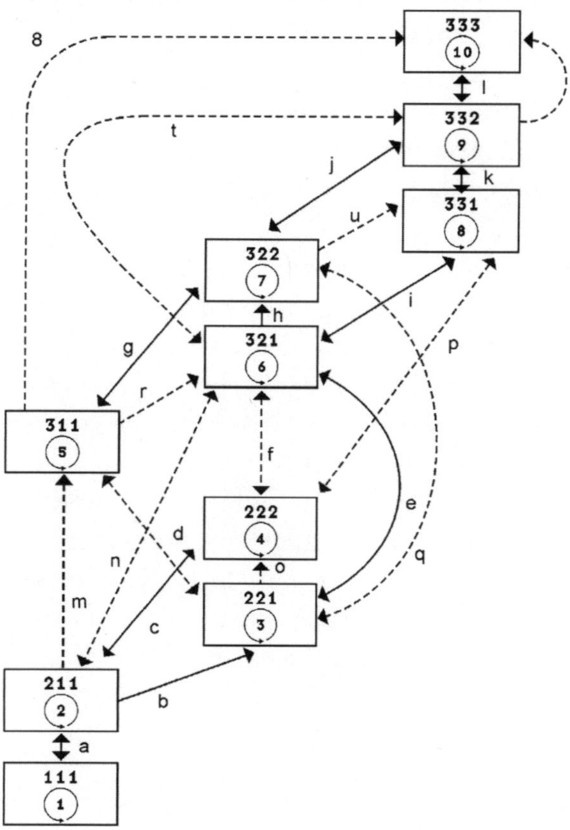

Figura 4.13: Versão simplificada do modelo proposto por Merrell (1991: 17).

O diagrama acima (figura 4.13) possui três colunas e seus dez componentes estão divididos de acordo com a natureza da relação S-O (ícone, índice, símbolo). Os "operadores", que são "transformações sígnicas dentro da hierárquica e parcialmente ordenada grade de relações", indicam quatro tipos de transformação (Merrell 1991: 20): (i) setas sólidas indicam "caminhos normais de transformação sígnica"; (ii) setas tracejadas indicam "caminhos anormais [...] que vinculam, ou um salto descontínuo através de dois níveis na evolução de R, O, I, ou um nível simples alterado em dois dos três elementos"; (iii) setas unidirecionais, sólidas ou tracejadas, que significam "geração ou evolução [...] dos signos relativamente mais simples para os mais complexos"; (iv) setas bidirecionais, que significam "em adição a evolução 'para cima', caminhos de suddivisão sígnica, ou degeneração 'para baixo'"; um indicador, tanto do crescimento do signo em termos de generalidade, como, inversamente, de "decrescimento" em termos de degeneração.[116]

5. Metodologia aplicada às 10 classes de signos: introdução ao projeto sign design

A partir desta seção, mostro alguns resultados que Priscila Farias e eu, em muitos trabalhos, temos chamado de *sign design*.[117] Tenho destacado, quando tratamos desse tópico, diversos projetos desenvolvidos em diferentes áreas (lógica, música, dança, literatura), especialmente os trabalhos de Shea Zellweger (1982a,b) — *man-sign engeneering*. Zellweger tem sido enfático sobre a necessidade de exploração de uma área aplicada e experimental da semiótica, dedicada à "engenharia de signos" e baseada em "esforços coletivos altamente especializados para compreender e melhorar nossas ferramentas mentais" (Zellweger 1982a: 17-18). Segundo o autor, o principal desafio desta área é projetar signos capazes de estabelecer, através da "iconicidade visual" de suas "estruturas de superfície", um isomorfismo entre "a rede de relações existentes em uma sociedade de signos e a rede correspondente que existe na estrutura

[116] Uma descrição também cuidadosa dos operadores pode ser encontrada em: Merrell (1995a: 138-145).

[117] Farias & Queiroz (2017a,b; 2014a,b; 2013; 2007; 2006; 2003a,b; 2001; 2000).

profunda do que está sendo simbolizado" (Zellweger 1982a: 19-5 106). Zellweger chama este isomorfismo de "iconicidade relacional". Seu plano se divide em duas partes: (i) identificação das estruturas abstratas que serão simbolizadas, (ii) invenção de um sistema de signos que incorpore e revele, visualmente, as relações observadas nestas estruturas.[118]

Como concebemos, uma metodologia para *sign design* deve ter quatro fases: (i) conceitualização, (ii) desenvolvimento, (iii) experimentação, (iv) avaliação dos resultados. A primeira fase (i) explora as bases teóricas para o design de estruturas e processos sígnicos específicos (relação triádica S-O-I, relação entre classes de signos, relação entre interpretantes, relação tricotomias-classes, etc). Identifiquei esta etapa (capítulo 3) com o que chamei "restrição teórica". Na fase de desenvolvimento (ii), os resultados da fase de conceitualização são aplicados no design de um novo modelo. Trata-se de uma fase prática, fundamentada na tradução visual dos componentes teóricos investigados na primeira fase. Na fase de experimentação (iii), são testadas as informações visuais proporcionadas pelo modelo construído na fase de desenvolvimento. Os resultados são avaliados, na fase (iv), à luz da primeira fase. Como resultado desta metodologia, apresentarei, nas próximas seções, dois casos de sua aplicação — *Sanders I* e diagramas triangulares.

5.1 Sign design: considerações preliminares

Definimos um diagrama visual como uma associação entre elementos expressos por relações em um espaço visual. Peirce identifica este tipo de signo com um hipoícone que, diferente do ícone puro, que é apenas uma "possibilidade", é um ícone instanciado que representa relações existentes. Diagramas são hipoícones que representam as relações entre as partes de alguma coisa (ou processo) através das relações entre suas próprias partes (CP 2.277). Eles podem ser mapas, grafos, listas, tabelas, partituras musicais, ou qualquer tipo de formalismo usado para expressar as relações entre seus elementos. De acordo com a terminologia de Harel (1995), muitos dos diagramas mostrados aqui (por exemplo, figuras 4.5, 4.10,

[118] Em diversos artigos, Zellweger (1982a,b; 1991; 1992) exibiu os resultados de seus esforços, especialmente em lógica e educação matemática.

4.13) podem ser considerados grafos, nos quais as classes são representadas por nós conectados por arcos. As conexões orientadas (setas) representam relações especiais entre as classes. De acordo com Peirce (*The Century Dictionary*, 1885), um grafo é

> "A representação diagramática de um sistema de conexões através de numerosos nós, podendo todos ser distinguidos, uns dos outros, e estando alguns pares deles conectados por linhas. Deste modo, qualquer sistema de relações pode ser representado."

Os diagramas apresentados, incluindo os diagramas de Peirce (figuras 4.1 e 4.2), são bidimensionais, estáticos e monocromáticos. Essas características não são somente uma escolha em termos de formalismo visual, mas, ao menos no caso de Peirce, uma restrição imposta por processos de impressão tradicionais, um problema que afetou a divulgação dos grafos existenciais, especialmente do sistema gama, em sua época, baseado em cores. Chamamos estas construçoes de "diagramas convencionais". Diversos autores têm discutido os limites heurísticos deste tipo de diagrama. Harel (1995: 263) destaca a possibilidade de resolver problemas específicos através do uso de formalismos visuais tridimensionais e simulações gráficas dinâmicas. Sivasankaran & Owen (1992) são enfáticos sobre a necessidade de implementar, como instrumento de investigação, através de computação gráfica, interação em tempo real:

> "Devido às restrições dos diagramas estáticos e bi-dimensionais é impossível para o observador examinar mais do que algumas poucas, e simples, relações de cada vez. A adição de uma terceira dimensão espacial, que pode ser manipulada, e do tempo como uma quarta dimensão, enfatiza a utilidade dos diagramas como instrumento de investigação". (Sivasankaran & Owen 1992: 453)

Vou identificar e analisar, em primeiro lugar, diversas propriedades encontradas nos modelos apresentados. Em seguida, vou considerar a aplicação de algumas ferramentas, de acordo com o trabalho de Sivasankaran & Owen (ibid.), para implementação de "diagramas dinâmicos", e de outras possibilidades oferecidas pela computação gráfica.

(i) Pode-se questionar o status de "nó" atribuído às classes, uma vez que não são "elementos atômicos"[119] ou estruturas estáticas.[120] Vimos que, segundo diversas interpretações, as classes devem ser observadas como relações.

Sivasankaran & Owen (1992) propõem um "modelo estendido", entidade/relação (ER), como um conceito para modelagem de diagramas dinâmicos. Este modelo (ER) concorda com a posição assumida na fase de conceitualização, já que inclui a possibilidade de trabalhar com entidades de alto nível que podem ter suas próprias entidades, como seus próprios membros, em níveis inferiores (por exemplo, o interpretante é o signo de uma relação subsequente). O problema para representar muitos níveis de relações ao mesmo tempo (dentro e entre os elementos), em termos de formalismo visual, é o aumento exponencial da complexidade do diagrama. Ocasionalmente, isto pode ser útil para observar relações apenas em um determinado nível, ignorando detalhes do que acontece em níveis superiores e inferiores.

Harel (1995: 262) indica as vantagens de se fazer *zoom out* de uma cena particular, suprimindo detalhes em níveis inferiores quando lidamos com diagramas complexos. Nos diagramas convencionais, o único modo de se obter *zooms* é fazendo diferentes versões do mesmo diagrama. Nos diagramas dinâmicos de Sivasankaran e Owen, *zoom outs* e *zoom intos* são interativamente obtidos tomando o contexto como um conceito hierárquico, pela implementação de uma ferramenta de *zoom* hierárquico.[121]

(ii) Pode-se questionar as limitações de um diagrama bi-dimensional. A adição de uma terceira dimensão introduz uma importante variável: o observador que, na medida em que altera sua posição em relação ao diagrama, descobre novas relações entre as classes. Modos de representar relações em um ambiente bi-dimensional, e estático, são limitados pelas características do ambiente. Em um ambiente

[119] Ransdell (1983).
[120] Merrell (1994, 1996).
[121] Sivasankaran & Owen (1992: 453, 439).

tri-dimensional, e dinâmico, as relações podem ser representadas por mudanças na posição de objetos tridimensionais, que podem se mover em diversas direções, conforme certas regras e restrições.
(iii) Os diagramas convencionais são monocromáticos. A introdução de cores permite estabelecer relações entre elementos distantes no diagrama.
(iv) Pode-se questionar a natureza estática dos diagramas convencionais. Este tipo de modelo tem consideráveis limitações para lidar com propriedades dinâmicas (temporais), de interconexão, etc. Nos diagramas tradicionais, há uma vaga alusão ao tempo, sugerido por conexões (setas). Se não trabalhamos em tempo real, examinamos objetos atemporais. Em um diagrama que se transforma no tempo, pode-se examinar: mudanças de configuração, ritmo das mudanças, sincronicidade, etc. As consequências deste último ponto devem mudar radicalmente a perspectiva de trabalhos sobre as classificações sígnicas.

5.2 *Sanders I*

Como primeiro passo para a criação de um novo tipo de diagrama, tomamos como ponto de partida o modelo proposto por Balat (1989-91: 86, figura 4.14).

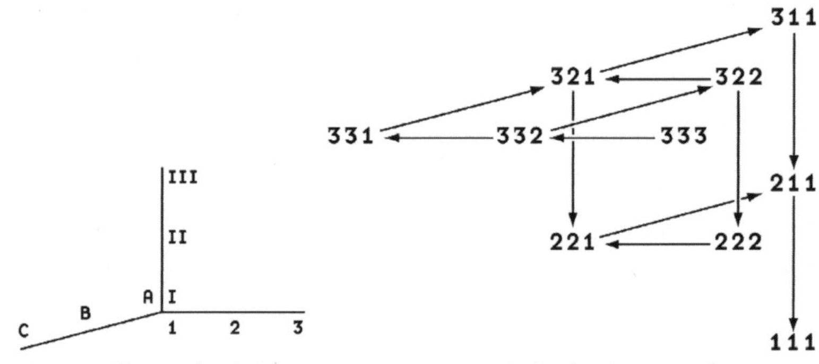

Figura 4.14. Diagrama proposto por Balat (1989-91: 86).

Diferentemente dos diagramas que examinamos neste capítulo, este, embora bi-dimensional, sugere uma terceira dimensão espacial. As tricotomias S, S-O, S-O-I, estão arranjadas em três eixos, de acordo com a notação da figura 4.14: I, II, III, ao longo do eixo S (signo); A, B, C, ao longo do eixo O (objeto, S-O); 1, 2, 3, ao longo do eixo I (interpretante, S-O-I). As classes estão posicionadas através de coordenadas a partir da intersecção dos três eixos: <I A 1> corresponde a 111. No diagrama que propomos (SANDERS I: figura 4.15), as classes são mantidas nas mesmas posições relativas, mas são identificadas através de outro formalismo visual. O primeiro formalismo é considerar S, O, I como intersecções de planos. Dentro do espaço delimitado por estes planos, as classes são representadas como cubos, com faces paralelas aos planos. As tricotomias são representadas pelos planos, cujos "valores" (monádico, diádico, triádico) são refletidos, como cores, nas faces paralelas dos cubos. Por exemplo, a primeira tricotomia (qualisigno, sinsigno, legisigno) pode ser assim traduzida: paralelamente ao plano do signo, quais as cores das faces dos cubos? As cores que estabelecemos são: vermelho (monádico), verde (diádico), azul (triádico) (figura 4.15).

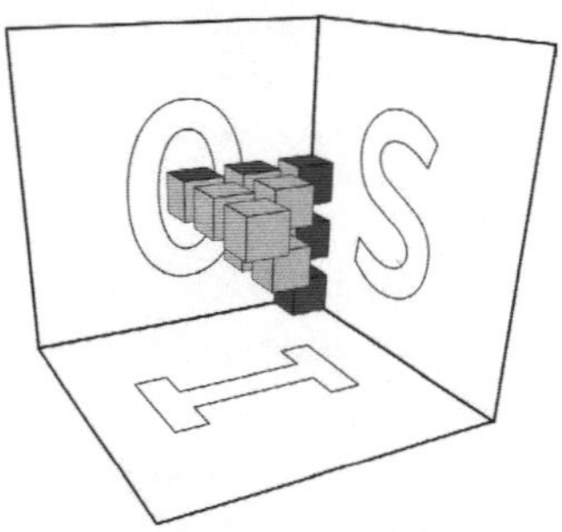

Figura 4.15. Sanders I

O cubo, por exemplo, correspondente a classe 321, tem pintadas assim suas faces: paralelo ao plano do signo: azul; paralelo ao plano do objeto: verde; paralelo ao plano do interpretante: vermelho. De acordo com este formalismo, o cubo correspondente à classe 222 tem todas as suas faces pintadas de verde (figura 4.16).

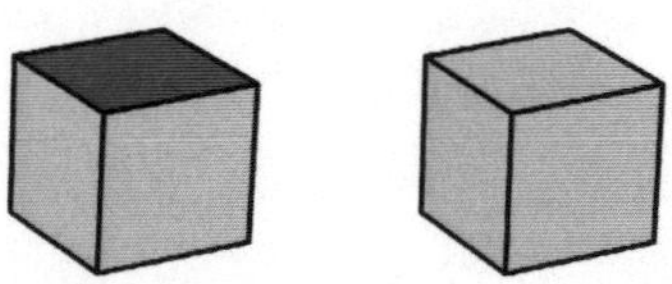

Figura 4.16. Cubos correspondentes às classes 321 e 222.

Uma consequência deste formalismo é que, mesmo se não consideramos "que face é paralela a que plano", é fácil observar, quando três de suas faces são visíveis, que cada cubo é um elemento distinto, na medida em que cada cubo é pintado de um modo distinto. Isto nos leva a concluir que, se três cores são disponíveis, e faces paralelas têm a mesma cor, existem apenas dez modos distintos de pintar as faces de um cubo (figura 17), uma conclusão que pode ser vista como a tradução visual da fórmula de Weiss & Burks (1945: 387): (n+1)(n+2)/2.

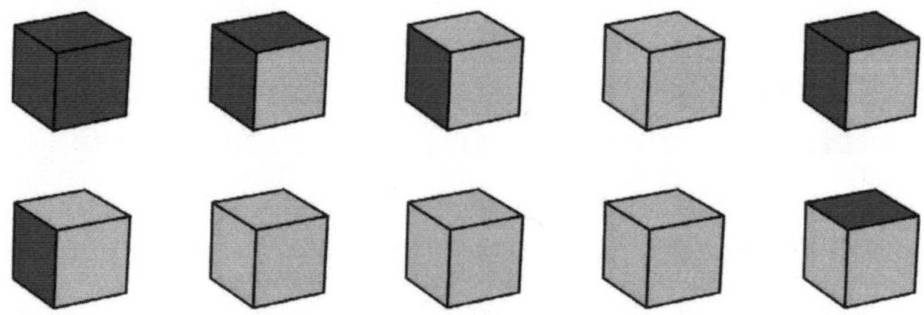

Figura 4.17. 10 diferentes modos de pintar as faces paralelas de um cubo utilizando 3 cores.

Se observamos um cubo no espaço tridimensional, dependendo do ponto de vista, somos capazes de ver não mais do que uma, duas, ou três de suas faces. Observados em conjunto, pode acontecer de alguns cubos serem parcialmente, ou totalmente, escondidos por outros, dependendo de seus arranjos. No diagrama proposto, a posição de cada classe do diagrama de Balat (figura 14) é o centro de um cubo de tamanho específico. Para minimizar o efeito de esconder cubos no espaço, optamos pela redução do tamanhos dos cubos, de modo que o intervalo entre eles possa permitir a observação clara de todo o arranjo. É importante notar que, se este é um modelo tridimensional que pode ser manipulado, o observador tem sempre a possibilidade de alterar seu ponto de vista, visualizando os componentes em diversas configurações.

As relações entre as classes podem ser representadas por mudanças na posição dos cubos, ou na configuração do diagrama. Como exemplo, a figura 4.18 mostra um *story board* das relações entre as classes de acordo com o diagrama de Balat (figura 4.14). Baseamos o formalismo na interpretação de Liszka (1996: 46), e de Serson (1997: 135-136), sobre as relações encontradas no diagrama de Balat. A interpretação de Serson se refere especificamente ao diagrama da figura 11: as setas horizontais e verticais correspondem a dois tipos de relação: instanciação e envolvimento. De acordo com a análise de Serson, existem duas relações "anômalas" (333 > 332, 211 > 111), que desrespeitam as regras estabelecidas por este modelo. Duas regras são usadas para representar as relações: (i) relações de instanciação são representadas pela substituição de classes que instanciam por classes pelo aparecimento simultâneo das classes relacionadas, e as classes que envolvem são representadas por cubos maiores. Este formalismo deve ser visto como "cubos maiores-classes envolvem os menores". De acordo com estas regras, se no estado 1 temos a classe 333, no estado 2, teremos as classes 332 (por instanciação: 333 > 332) e 331 (por envolvimento: 332 > 331) (ver *story board*, figura 4.18).

Figura 4.18: O story board das possibilidades a serem exploradas na fase de experimentação.

Apresentei, acima, as etapas iniciais de desenvolvimento de um projeto cujo objetivo é criar modelos visuais de um tópico específico da gramática especulativa. Mais consequências dessa abordagem devem ainda ser testadas depois de trabalhos sistemáticos com estes modelos.

5.3 Diagramas triangulares

A partir deste ponto, passo a tratar de dois diagramas desenhados por Peirce para as dez classes, que chamarei de SYLLABUS e de WELBY. O primeiro aparece na quinta seção de uma série de esboços, e foi usado como texto suplementar nas *Lowell Lectures* ("A Syllabus of Certain Topics of Logic", 1903; EP 2: 296; MS 540: 17). O segundo diagrama aparece em uma carta escrita para Lady Welby, no dia 28 de dezembro de 1908 (EP 2: 491). Mostramos,[122] a partir da análise de suas estruturas, os princípios em que se baseiam. A partir desta análise, propomos um modelo para construção de diagramas n-tricotômico de classes.

Em uma carta para Lady Welby (28 de dezembro de 1908), Peirce desenha o diagrama abaixo (figura 4.19) e acrescenta o seguinte comentário:

> "O número acima, e a esquerda, descreve o objeto do signo. O número acima, e a direita, descreve seu interpretante. O número abaixo descreve o signo, ele mesmo.
> 1 significa Modalidade Possível, aquela de uma idéia
> 2 significa Modalidade Real, aquela de uma ocorrencia
> 3 significa Modalidade Necessária, aquela de um Hábito."

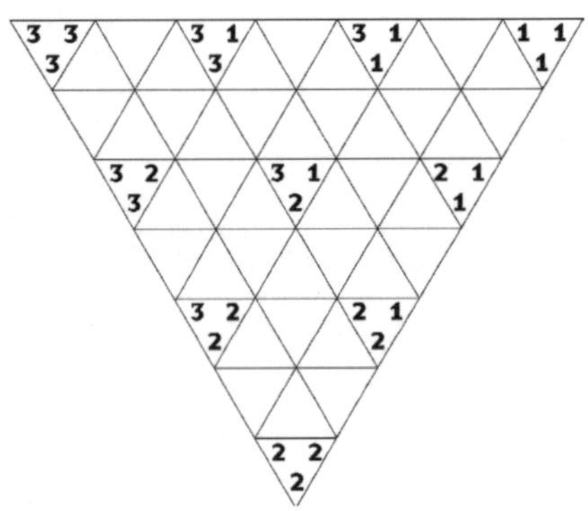

Figura 4.19. O diagrama WELBY (EP 2: 491).

[122] Farias & Queiroz (2001, 2000b).

Para desenvolver nosso argumento, apresentamos uma versão modificada deste diagrama (figura 4.20), onde são eliminados os triângulos não ocupados por classes.

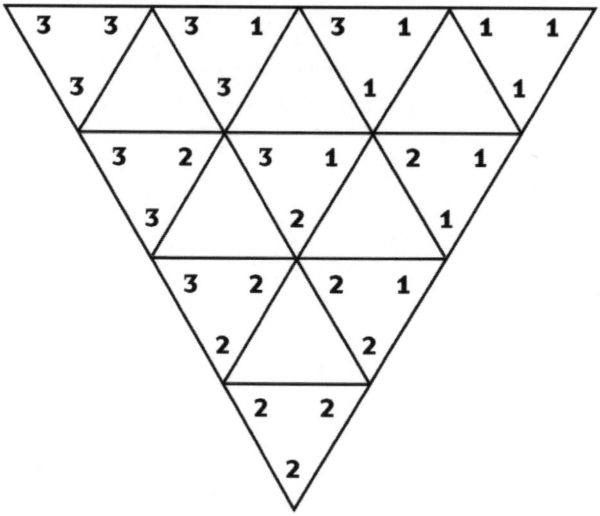

Figura 4.20. O diagrama WELBY na versão modificada.

Se comparamos a figura 4.19 com o diagrama desenhado por Peirce em 1903 (figura 4.21), observamos as mesmas 10 classes, nas mesmas posições relativas, porém verticalmente invertido. Esta consideração baseia-se na notação que distingue as classes de signos — as partes ocupadas no diagrama WELBY apresentam as classes de acordo com a notação adotada pelos especialistas,[123] também encontrado em MS 799: 4 (321 para legisigno indexical remático, 211 para sinsigno iconico, etc). A mesma notação deve ser usada para traduzir o conteúdo das partes do diagrama SYLLABUS (figura 4.21).

[123] Weiss e Burks (1945: 386), Sanders (1970: 7), Jappy (1984: 1), Merrell (1991: 1), Déledalle (1979: 82).

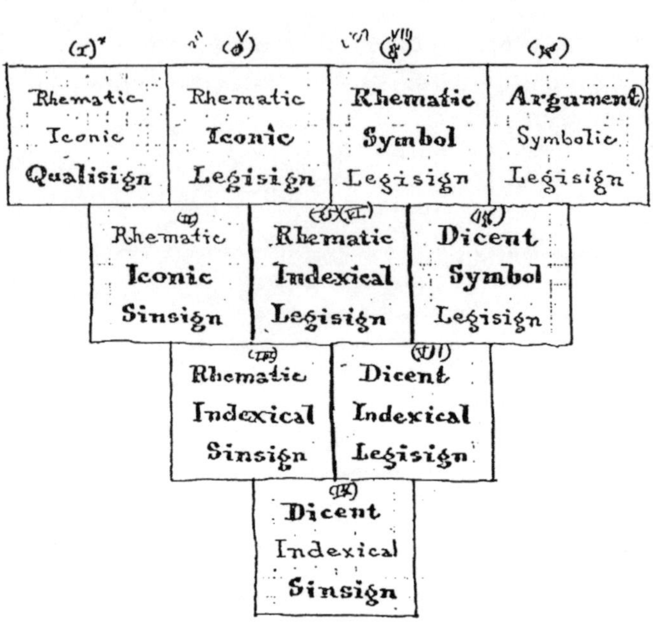

Figura 4.21: Diagrama SYLLABUS (EP 2:296; 1903).

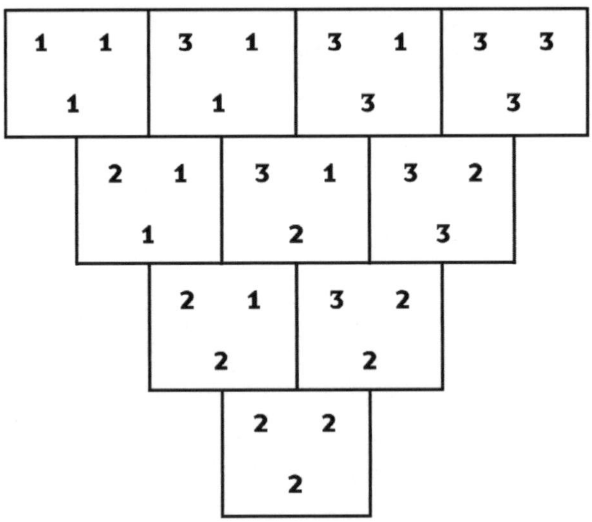

Figura 4.22: Versão modificada do diagrama SYLLABUS.

Há um problema aqui. A descrição das tricotomias, neste diagrama, está em desacordo com a descrição apresentada no diagrama WELBY, já que "o número acima e à esquerda", no diagrama SYLLABUS modificado, não corresponde ao objeto do signo (como no diagrama WELBY), mas à natureza do signo (EP 2: 291); o número abaixo, no diagrama SYLLABUS modificado, não descreve a natureza do signo, mas a "relação do signo com seu objeto" (ibid.). Não há problema quanto ao número "acima e a direita", que, conforme a nota no diagrama WELBY, descreve "o interpretante do signo", e na figura 4.22 descreve o modo pelo qual "o interpretante representa o signo" (ibid.).

A despeito do desacordo sobre a posição das tricotomias, observamos um padrão na localização das classes. Este padrão pode ser observado mesmo se não for possível estabelecer uma correspondência exata entre as classes descritas pelos diagramas, de acordo com as categorias, e a ordem das tricotomias. Se a ordem das tricotomias, no diagrama WELBY, é O-I-S, enquanto no diagrama SYLLABUS é S-O-I, as classes descritas por cada diagrama podem não corresponder às mesmas 10 classes de signos, conforme sugestão de Houser (com. pessoal). Em nossa visão, as duas construções baseiam-se nos mesmos princípios.

5.3.1 Coordenadas triangulares: uma lógica para diagramas de classificações 3-tricotômicas

Baseamos nossa abordagem no método descrito por Zellweger (1991, 1997). Tomamos as classes a partir das coordenadas triangulares (a, b, c), onde "a" corresponde a quantidades de "uns", "b" corresponde a quantidades de "dois" e "c" corresponde a quantidades de "três", de acordo com um conjunto ordenado de números (*integers*) que variam de 0 a 3. A soma de quantidade de "uns, dois e três", que formam cada classe, será sempre a+b+c=3, uma vez que trabalhamos com classes 3-tricotômicas.

Nos cantos extremos do triângulo, estão localizados os *triplets* (0,0,3), (3,0,0) e (0,3,0), correspondentes às classes 333, 111, 222. Entre estes *triplets*, nas bordas do triângulo, localizam-se os *triplets* correspondentes às sequências "intermediárias", cada lado do triângulo tomado como um eixo, em que os elementos dos *triplets* variam de 0 a 3 com respeito aos *triplets* localizados nos cantos. Por exemplo, no lado ocupado, em seus limites, por (0,0,3) e (3,0,0), aparecem as seguintes sequências (0,0,3), (1,0,2), (2,0,1), (3,0,0). No centro do triângulo está localizado o *triplet* (1,1,1), correspondente a classe 321 (figura 4.23).

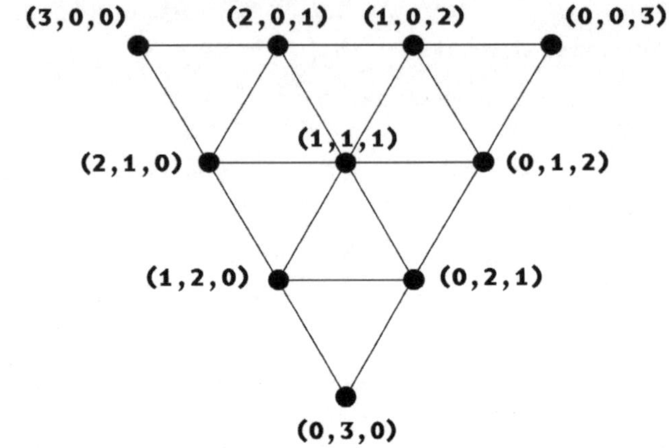

Figura 4.23: Padrão de vértices a partir de coordenadas triangulares.

Se desenhamos triângulos em torno dos vértices, a partir deste padrão de dez vértices, e por meio do formalismo descrito acima, obtemos um diagrama muito similar ao diagrama WELBY (figura 4.24).

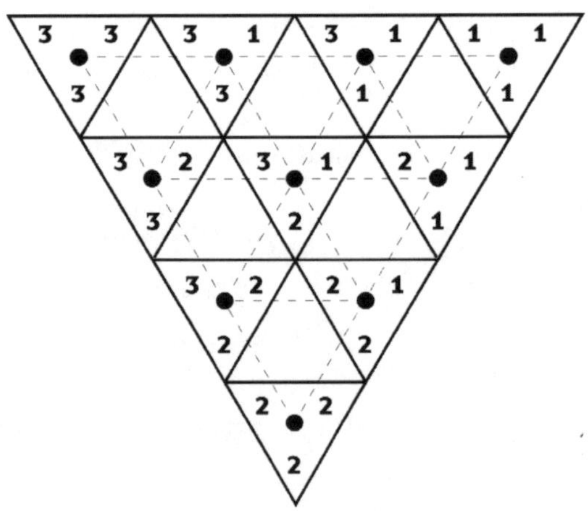

Figura 4.24: Diagrama WELBY redesenhado de acordo com as coordenadas triangulares.

Se invertemos as correspondências (para quantidades de "uns" e "três") de a e c nos *triplets*, tal que (0,0,3) corresponda a 3 "uns", e (3,0,0) a 3 "três", e construímos quadrados, ao invés de triângulos em torno dos vértices, obtemos exatamente a posição das 10 classes conforme encontrado no diagrama SYLLABUS (comparar a figura 4.21 com a figura 4.25).

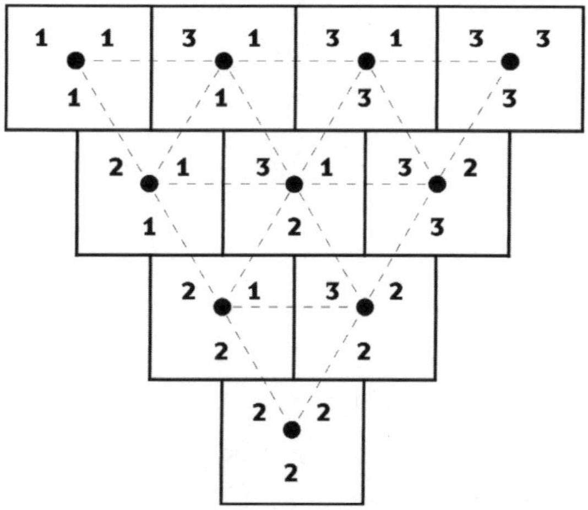

Figura 4.25: Diagrama SYLLABUS redesenhado de acordo com as coordenadas triangulares.

5.3.2 Coordenadas triangulares para classificações n-tricotômicas

A "lógica de construção", descrita acima, pode ser generalizada, como um método, para construção de qualquer classificação n-tricotômica. Aplicamos este método às classificações 6-tricotômicas (EP 2: 478-481) e 10-tricotômicas (EP 2: 483-490). Para desenhar um diagrama para as 28 classes distribuímos quantidades de 0 a 6 para cada elemento do *triplet* (a, b, c), de modo que a soma destes elementos (a+b+c) é 6. De acordo com o método descrito, temos, nos cantos, (0,0,6), (0,6,0), (6,0,0). O eixo horizontal tem a seguinte distribuição: (0,0,6), (1,0,5), (2,0,4), (3,0,3), (4,2,0), (5,0,1) (6,0,0). Usando os mesmos procedimentos, obtemos 28 vértices (figura 4.26).

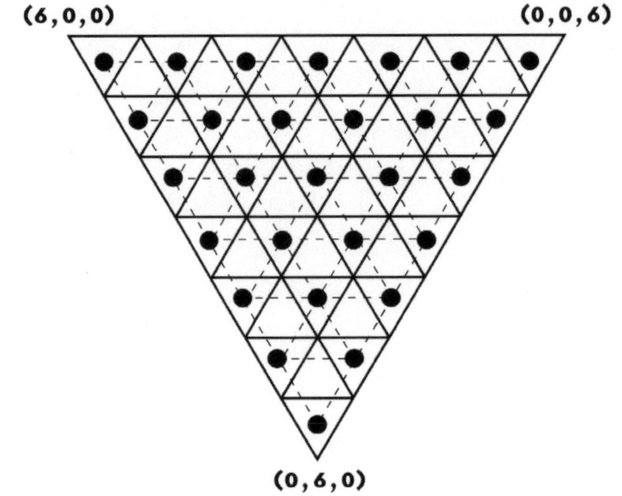

Figura 4.26: Padrão com 28 vértices, a partir de 6-tricotômicas coordenadas triangulares.

Uma vez definido os 28 vértices, transformamos cada *triplet* em uma sequência de "uns", "dois" e "três"; assim, o *triplet* (1,2,3) – o segundo vértice, da esquerda para direita, na terceira coluna, de cima para baixo – é traduzido na classe 6-tricotômica 333221, enquanto o *triplet* (0,6,0) é traduzido na classe 222222 (ver figura 4.27).

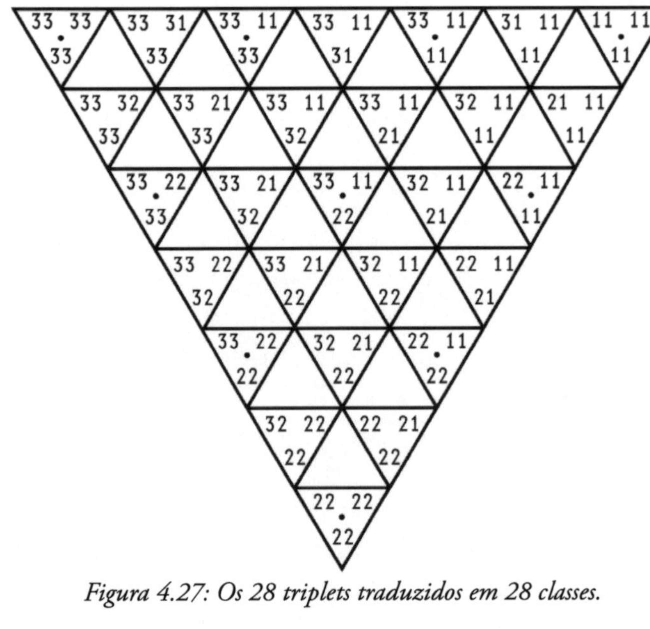

Figura 4.27: Os 28 triplets traduzidos em 28 classes.

Baseado no mesmo procedimento, construímos coordenadas triangulares para sessenta e seis (10-tricotômicas) classes de signos (figura 4.28).

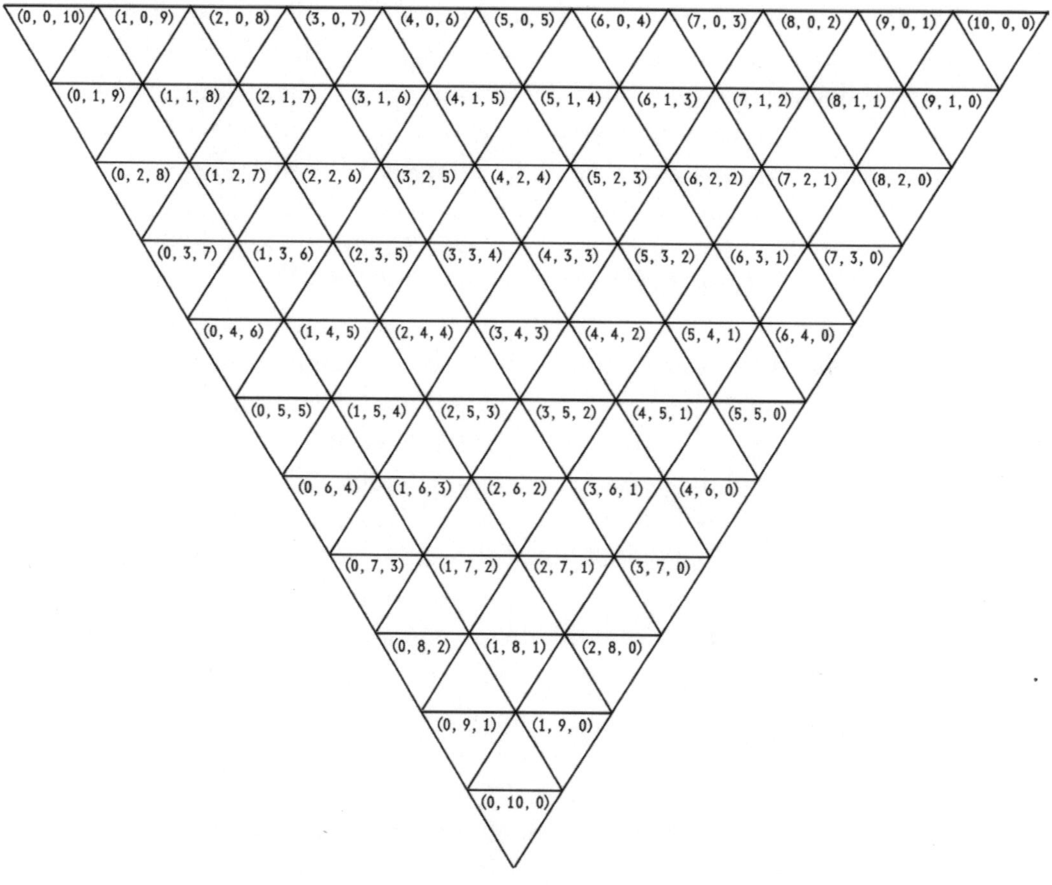

Figura 4.28: Diagrama para as 66 classes de signos, construído com coordenadas triangulares 10-tricotômicas.

6. Discussão

Rescher (1996) opõe dois tipos de classificação: um estático e esquemático, com tendência substancialista, e outro que, trabalhando em um sistema estruturalmente finito, é capaz de exibir maior complexidade funcional e operacional, com tendência processualista. Vimos como é limitado o vocabulário que aparece nas classificações sígnicas, seus *building blocks*, definidos em termos de relações. O que apresentei neste capítulo é um exemplo daquilo que Rescher (1996: 79) chama de complexificação de ordem operacional baseado em um sistema cuja constituição é muito simples.

Sugerimos uma regra capaz de "multiplicar", em termos gráficos, a estrutura da classificação 3-tricotômica. É um caso de engenharia reversa. Esta regra permite "refazer" a estratégia usada por Peirce para construção de seus dois diagramas para esta classificação — um diagrama que podemos chamar de "diagrama de relações periódicas", e um diagrama de "relações de afinidade" morfológica baseado em proximidades relativas entre suas partes. No primeiro caso, as relações se distribuem de acordo com um padrão de intervalos regulares. Descrevemos os princípios que estruturam seus intervalos periódicos. Apropriadamente, "periódico" aqui tem o mesmo significado que tem na "tabela periódica", em química. Para Scerri (1998: 78), "o termo periódico [na tabela periódica] reflete o fato que os elementos mostram padrão em suas propriedades químicas em intervalos regulares."

Os principais componentes destes diagramas são formados a partir de dois princípios, cuidadosamente descritos por Peirce: (i) uma lista exaustiva, hierarquicamente organizada, de relações excludentes, e (ii) uma ordem de distinções tricotômicas, de acordo com as quais a relação S-O-I pode ser analisada. Há uma correspondência entre estes princípios? Assumindo que este tópico não é uma exceção ao tratamento sistemático dedicado por Peirce a muitos temas, a ordem de distinções tricotômicas deve seguir, ao menos por aproximação, um princípio cuja justificativa deve ser encontrada em uma fase dedutiva, onde foram formalmente definidas as relações entre os termos de uma lista de relações, ou em uma fase indutiva, de acordo com a faneroscopia. Esta(s) fase(s) deve(m) explicar a ordem de determinação entre as divisões tricotômicas, que é clara na divisão 3-tricotômica de 10 classes: S (primeiridade) > S-O (secundidade) > S-O-I (terceiridade). A questão aqui é que a introdução de novas divisões, a partir de 1903, não é acompanhada de uma interpretação sobre o papel de cada nova divisão. Uma leitura atenta de diversos manuscritos, especialmente do *Logical Notebook* (MS 339), acentua a impressão de um desenvolvimento *ad hoc* destas construções.

Sobre os diversos modelos das dez classes, de muitos autores, tenho alguns comentários. Minha opinião sobre o "estado da arte" destes modelos é que eles foram, e são, desenvolvidos por uma comunidade de pesquisas de baixíssima capilaridade. Assim, Merrell faz pouca referência aos desenvolvimentos de Marty, Jappy ou Balat, que são seus predecessores. Ao mesmo tempo, Liszka (1996: 132), e também Hoffmann (2001), não mencionam Marty, Balat, Jappy, ou Merrell. Os efeitos são óbvios: se repete a explicação de algo já compreendido (muitas vezes, com menor precisão), e se conserva em banho-maria muitos problemas, alguns dos quais formulados há anos.

Para comparar as diversas abordagens, selecionei dois dos mais representativos modelos sobre as classificações: Balat e Merrell. O primeiro tem seu interesse voltado para estruturas de pressuposição entre as classes de signos, e pode ser especialmente valioso para áreas como linguística cognitiva e filosofia da lógica. Trata-se de um trabalho mais "conservador" com relação às ideias originais de Peirce. O segundo, inspirado nas novas ciências da complexidade (emergência, auto-organização, caos, autopoiesis, etc), sugere uma expansão do projeto de Peirce, no âmbito da teoria do signo, alinhando-a com as tendências mais recentes em ciência cognitiva. Segundo Merrell (1995b: 135), as classificações não podem se sujeitar a uma rigorosa hierarquia — "as dez classes de signos de Peirce são construções de complexidade crescente. Mas não existe hierarquia de distinções aqui, pois signos de menor complexidade estão contidos em signos de maior complexidade". Ainda de acordo com Merrell (1995b:135), "mais do que uma simples série de classes sígnicas, existe, mais adequadamente, um *continuum* semiósico de onde uma miríade de variedades de signos aparentemente discretos podem ser engendrados". Estão, no centro de suas discussões, conceitos como "cognição situada e contextualizada", e representação como processo "incorporado, embebido, ativo". Neste contexto, a noção de representação como uma "entidade cognitiva fundamental" é substituída por uma noção de representação como um padrão espaço-temporal emergente, "evoluindo como um processo vivo" (Merrell 1996: 3-18). Para representar este processo, Merrell (1995a: 30) observa: "signos tornando-se signos [...] é muito mais do que um labirinto bi-dimensional: e também não é como um árvore, mas como um rizoma".

Entre os diversos problemas que observo nas abordagens com diagramas sobre as classes, há um que merece destaque especial. Há um descaso com relação as diversas etapas de pesquisa que envolvem diagramas. Com relação à metodologia que esboçamos para *sign design* — se o modelo desenvolvido é suficientemente bom, deveríamos ser capazes de postular e testar visualmente diversas hipóteses a respeito dos processos ou estruturas especificadas em uma fase bem demarcada de conceitualização, baseada no que chamei de "restrições teóricas" (ver capítulo 3). Esta fase deve impor constrangimentos às construções desenvolvidas na fase (ii). Uma boa estratégia de design na fase de experimentação (fase ii) deve produzir, em uma fase (iii), resultados mais robustos. Ao mesmo tempo, inconsistências encontradas na fase (iii), e avaliadas na última fase (iv), deveriam levar a uma reconsideração das premissas assumidas na fase (i), e das estratégias utilizadas na fase (ii). O que apresentei neste capítulo (baseado nos capítulos anteriores) é uma tentativa de combinar estas fases em um programa estruturado de pesquisa.

V

SUBSTRATOS NEUROBIOLÓGICOS DA SEMIOSE: VOCALIZAÇÕES EM PRIMATAS NÃO-HUMANOS[124]

Vocalizações em primatas não-humanos. ícones, índices e símbolos entre macacos-verde. Neurosemiótica comparada.

O que farei aqui pode ser assim sumarizado — redescrevemos um fenômeno tradicionalmente abordado por etólogos e neuroetólogos: quais são as modalidades de semiose observadas em primatas não-humanos, e quais são seus substratos neurais? Nossa redescriçao deve permitir abordar, de novas perspectivas, uma bateria de problemas: como funcionam, porque surgiram e para que servem signos, e particularmente, símbolos? Como a maturação filo e ontogenética dos símbolos pode contribuir para um aumento ou melhora da performance do organismo? Como o aparecimento de certos tipos de artefatos pode estar relacionado

[124] Este capítulo, ao menos uma boa parte dele, foi desenvolvido em colaboração com Sidarta Ribeiro (Instituto do Cérebro, UFRN). A primeira publicação conjunta que fizemos data de 2001, poucos anos depois do livro *Symbolic Species*, de Terrence Deacon, de 1997. Essa informação é importante. Deacon defende no livro, que teve (e ainda tem) grande impacto, a tese de que o símbolo é uma novidade evolutiva, que biólogos chamam de autapomorfia, em humanos. Nos opomos frontalmente à tese principal de Deacon, como veremos aqui. Em 2002, no congresso Evolution of Language (Fourth International Conference), em Harvard, apresentamos, com Ivan de Araújo, o trabalho "The biological substrate of vocal signs in animal communication: a neurosemiotic analysis of vervet monkey alarm-calls". As principais ideias deste capítulo já aparecem neste trabalho, que posteriormente sofreu muitos ajustes, e desenvolvimentos em outros domínios (*artificial life*, IA, sistemas adaptativos complexos), e em novas colaborações.

com o aparecimento de símbolos? Esta análise, ao mesmo tempo, deve fornecer material para discutir um dos tópicos que mais tem produzido controvérsias na semiótica de Peirce: relações de pressuposição e dependência entre as classes de signos. Vou me deter em um caso de vocalização muito conhecido, em macacos-verde (*Cercopithecus aethiops*) para: (i) prover uma classificação, em termos das classes fundamentais de signos (ícones, índices, símbolos), de vocalizações interpretadas como alarmes de predadores; (ii) inferir os requisitos neurais responsáveis pela interpretação dessas classes; (iii) sugerir substratos neuroanatômicos capazes de satisfazer estes requisitos; (iv) idealizar um design experimental capaz de satisfazer estes requisitos e capaz de revelar as diversas contribuições desses substratos para a interpretação dos signos em macacos-verde; (v) estender o escopo de análise, baseado em novas divisões tricotômicas e nas noções de signo genuíno e degenerado, ao mesmo estudo de caso.

1. Neurosemiótica comparada — pressupostos e consequências

A escolha pela vocalização de primatas não-humanos, e de macacos--verde, baseia-se no fato de que o fenômeno é bastante estudado, em etologia, nas últimas décadas. O interesse crescente por estudos de vocalização em primatas não-humanos tem razões óbvias e está baseado em pressupostos conhecidos: se a vocalização humana é produto de processos biológicos,[125] e se presumimos que todo fenômeno biológico é produto da evolução, então a explicação para a emergência de vocalização humana não pode evitar um estudo comparativo, e as bases neurobiológicas destes processos em primatas não-humanos.[126]

Um procedimento similar pode ser aplicado, como tem sido feito, a diversos casos de comunicação animal, com resultados análogos. Ele indica um programa de pesquisa que poderia ser batizado de "neurosemiótica comparada", e envolveria pesquisa de campo e laboratório, conectando três domínios de investigação: etologia, neuroetologia e semiótica. Os experimentos que idealizamos aqui baseiam-se em métodos

[125] Liberman (1998), Pinker & Bloom (1990), Bloom (1999).
[126] Deacon (1997), Tomaselo & Call (1997), Hauser (1999), Hauser & Fitch (2003).

correntes em neuroetologia (experimentos baseados em lesão) e nas teses de especialização e modularidade funcional. Alguns pressupostos teóricos, por sua vez, divergem das discussões mais correntes sobre linguagem em etologia que, ou estão baseados no que podemos chamar de *folk semiotics*, e em uma noção *naïve* de representação, ou estão construídos sobre as dicotomias saussureanas: língua *versus* fala, significante *versus* significado, arbitrariedade *versus* motivação. Vauclair (1995: 117) nos fornece um bom exemplo: "Para avançar na comparação entre os sistemas de comunicação animal e a comunicação por símbolos, que é típico da linguagem humana, é útil discutir, mesmo que sob forma esquemática, o aspecto de arbitrariedade específico do signo linguístico". Não deve surpreender o leitor, a esta altura, que sugerimos um tratamento não-dicotômico. Baseados no modelo de Peirce, esse tratamento permite falar em "símbolo natural", em ação como significado e interpretação, e permite mapear as relações de pressuposição entre diversos processos sígnicos observados.

2. Macaco-verde (*Cercopithecus aethiops*), e as vocalizações como alarmes de predadores

Figura 5.1: Macaco-verde (Cercopithecus aethiops).

Os macacos-verde (figura 5.1) habitam as planícies do sub-Sahara africano, vivem em grupos de 10-30 animais com clara ordem de dominância, e ocupam uma área média de 10 acres, área que defendem agressivamente contra a invasão de outros grupos. Possuem uma dieta baseada em relvas, folhas, frutas e sementes, e são vitimados por diversos tipos de predação (mamíferos terrestres, aves de rapina, cobras), e por diferentes estratégias de caça (figura 5.2).

Figura 5.2: Cena de predação.

Eles possuem um sofisticado e bem documentado repertório de vocalizações usado em interações sociais intra-específicas (confrontação e formação de alianças de diversos tipos),[127] inter-específicos,[128] bem como para indicar a presença de predação iminente.[129] Estudos de campo revelam três tipos de alarmes usados para indicar a presença de (1) leopardos, (2) águias, e (3) cobras (*phitons*).[130] O comportamento do grupo, subsequentemente à produção do alarme, é um indicador de interpretação discriminada do alarme. Esta observação baseia-se numa metodologia que deriva dos trabalhos de Smith (1977). Sabemos que uma vocalização significa algo porque gera, ou causa, um comportamento específico entre os membros do grupo. Quando um alarme de leopardo é produzido, os macacos-verde fogem para o topo das árvores mais próximas; alarme de águia produz fuga para debaixo dos arbustros; alarme de cobra, uma reação de escrutínio local sob a grama (figura 5.3).

[127] Cheney & Seyfarth (1990), Hauser (1996).
[128] Estes (1991).
[129] Strushaker (1967).
[130] Seyfarth (et al. 1980), Seyfarth & Cheney (1992).

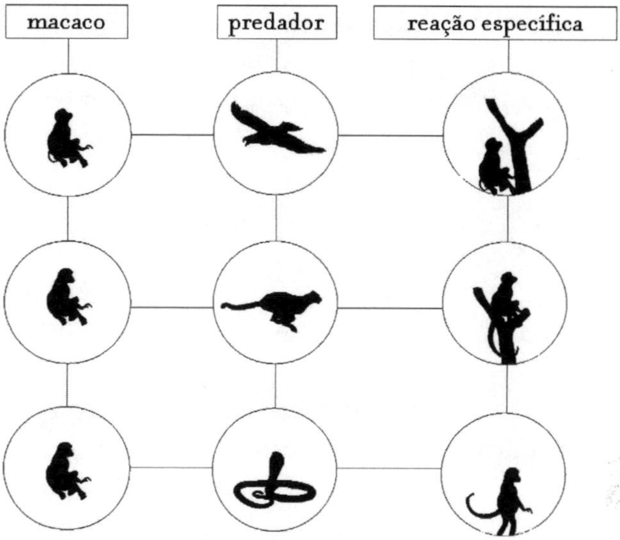

Figura 5.3: Relações entre predadores e reações específicas de fuga.

Os adultos produzem as vocalizações em referência à presença de predadores específicos, gerando reações específicas em todo o grupo. Macacos-verde jovens e adolescentes, por sua vez, balbuciam, até um certo período, estas vocalizações indiscriminadamente, para predadores e não-predadores, recebendo pouca consideração dos adultos.[131] A especificação progressiva dos alarmes sugere que trata-se de uma aprendizagem por experiência, embora fortes componentes inatos sejam identificados. Evidências de um aumento na especificação das fugas são uma indicação do amadurecimento dessa atividade semiótica baseado em treino e experiência.

A independência de contexto na utilização das vocalizações tem sugerido diversas comparações com símbolos verbais.[132] Para Rendall (et al. 1999: 584), as "vocalizações funcionam referencialmente de um modo análogo às palavras da linguagem, em que o significado de um chamado deriva primariamente das propriedades acústicas do sinal, que pode funcionar para denotar objetos ou eventos externos ao emissor, independentemente de pistas contextuais complementares". Segundo Seyfarth & Cheney (1992: 80), "as respostas provocadas pelas gravações

[131] Seyfarth & Cheney (1992: 128).
[132] Seyfarth (et al. 1980).

de vários tipos de alarmes argumentava contra a idéia de que os chamados eram sinais de alerta geral. Os sons pareciam carregar informações sobre a presença de tipos específicos de perigo. Mais do que isso, haviam evidências que os alarmes não refletiam simplesmente o nível de medo ou excitação do emissor."

2.1 Vocalizações (entre macacos-verde) são irredutivelmente triádicas

Se estão corretas as suposições sobre a natureza semiótica das vocalizações, observamos um fenômeno descrito (capítulo 3) como uma relação irredutivelmente triádica, formada pelo (i) alarme (signo), (ii) predador, ou predação (objeto), e (iii) imagem mental do predador, ou comportamento de fuga (interpretante). Chamarei o interpretante simplesmente de fuga. A primeira questão é "como" estão relacionados estes elementos. Vimos que o interpretante se relaciona com seu objeto através de um signo. O signo "é determinado pelo objeto relativamente ao interpretante, e determina o interpretante em referência ao objeto, de tal modo a produzir o interpretante a ser determinado pelo objeto através da mediação do signo" (MS 318: 81; 1907). Se o predador está em uma relação triádica com o alarme, este produz a fuga, que está para o predador através do alarme. Segundo essa descrição, o alarme deve ser determinado pelo predador relativamente a fuga, e deve determinar a fuga em referência ao predador, de tal modo a produzir a fuga a ser determinada pelo predador através da mediação do alarme. A relação é irredutivelmente triádica. Pode-se decompor esta relação em relações mais simples? Em breve voltaremos a esta questão.

Vimos que o modelo da semiose não especifica a natureza dos participantes da relação, nem a natureza das relações entre os participantes (termos da relação). As questões devem ser "como" estão relacionados, para um macaco-verde intérprete, o predador e o alarme, e qual é, de acordo com as categorias, a natureza desses termos. Idealizamos um protocolo para responder estas questões baseado nos experimentos de campo conduzidos por Seyfarth & Cheney.

2.2 Classificação dos alarmes conforme a primeira divisão tricotômica

Nos experimentos de Seyfarth & Cheney, a partir de 1977, no sul do Kênia, vocalizações de alarmes para predadores específicos foram gerados em gravadores para grupos de macacos-verde e seus comportamentos foram monitorados. Os membros dos grupos reagiram com grande especificidade, conforme o tipo de vocalização produzido.

Para nossos propósitos, selecionamos o comportamento de um macaco-verde intérprete maduro, familiarizado com o repertório de vocalizações. Considere dois estímulos disponíveis: a visão de um predador e um alarme (tocado em um gravador). As respostas neurais relativas às propriedades fisicas da imagem do predador, e relativas às propriedades fisicas do alarme correspondente, são ícones de seus objetos. Eles são processados como duas modalidades independentes (visual e auditiva) em um domínio representacional que chamamos de DR1 (figura 5.7). Há uma extensa literatura sobre padrões de atividades análogas na interação mundo-sistema perceptivo.[133] Tootell (et al. 1988) mostrou que um macaco, ao observar determinados padrões, tem camadas de seu cortex visual inicial (camada C) analogamente organizado à topografia destes padrões. Com relação a certas propriedades (distribuição topográfica de um padrão de atividade no cortex visual inicial), o predador é similar ao efeito que produz, podendo ser considerado um ícone dele. Damásio (1994: 130) desenvolve essa idéia, imaginando uma experiência em que pudesse investigar padrões de atividades do cortex visual de um indivíduo, no momento em que vê sua tia Maria: "Se fôssemos inspecionar os padrões de atividades que ocorrem nos córtices visuais iniciais desta pessoa no intervalo de aproximadamente uma centena de milissegundos após as zonas de convergência para o rosto de tia Maria terem disparado, seríamos provavelmente capazes de ver padrões de atividades que tinham alguma relação com a geografia daquele rosto."

Presumimos que a visão do predador deve ser suficiente para gerar uma resposta de fuga, através do sistema motor. Mas qual a relação entre as propriedades físicas (por exemplo, amplitude e frequência)

[133] Zaretsky & Konishi (1976), Tootell (et al. 1988), Ribeiro (et al. 1998).

da vocalização e o leopardo? Não observamos qualquer propriedade análoga ao objeto (por exemplo, o leopardo) na vocalização, uma associação que acabamos de estabelecer entre o predador e seu processamento visual. Na ausência de propriedades capazes de produzir analogias entre a vocalização e o objeto, a vocalização deve simplesmente aumentar o "foco de atenção" do intérprete para qualquer evento co-incidente. Esse comportamento produz um escaneamento sensório do ambiente em direção à fonte do som e seu entorno. Como um índice, a vocalização "exerce uma força fisiológica real sobre a atenção [...] direcionando os sentidos para um objeto particular" (CP 8.39). Ele depende de uma fase icônica de processamento, em dois níveis: alarme => processamento auditivo, alarme => correlação com a imagem do predador.

Esta é uma descrição das relações que podem ser formadas, por um macaco-verde intérprete: (i) relação entre o alarme (ouvido) e o predador (visto), no mundo, e seus respectivos processamentos, (ii) relação entre o processamento auditivo do alarme e a visão do predador, no organismo, (iii) as respostas comportamentais resultantes desta relação. O que pode acontecer com um macaco-verde ao ouvir um alarme de predador? Vamos supor que consideramos um "intérprete" maduro de vocalizações, e que uma vocalização está sempre relacionada a um predador existente, o que equivale a afirmar que não existe alarme falso. Associações entre "audição do alarme" (AA), "escaneamento sensório" (ES), e "comportamento de fuga" (CF) fornecem as seguintes alternativas:

	AA	ES	CF	**avaliação**	**semiose**
1	sim	sim	permanece	falso	--
2	sim	sim	foge	verdadeiro	ícone & índice
3	não	sim	permanece	falso	--
4	não	sim	foge	verdadeiro	ícone
5	sim	não	permanece	falso	--
6	sim	não	foge	verdadeiro?	índice? / símbolo?

7	não	não	permanece	verdadeiro	nenhuma interpretação
8	não	não	Foge	falso	nenhuma interpretação

Tabela 5.1: Possiveis associações entre "audição do alarme" (AA), "escaneamento sensório" (ES), "comportamento de fuga" (CF), avaliação e tipo de signo envolvido.

Desconsideramos as situações 1, 3, 5, 7 e 8. Elas descrevem: (1) audição de um alarme seguido de escaneamento visual sem geração de comportamento de fuga; (3) nenhuma audição seguido de escaneamento, sem geração de comportamento de fuga; (5) audição de um alarme, não seguido de escaneamento, sem geração de comportamento de fuga; (7) nenhuma audição, não seguido de escaneamento e sem geração de comportamento de fuga; (8) nenhuma audição, seguido de nenhum escaneamento, que gera comportamento de fuga. A audição de um alarme seguida de um escaneamento em que nada é encontrado (situação 1), e que mantém o intérprete onde está, é uma vocalização interpretada como um índice degenerado de suas próprias qualidades (CP 2.283), e vamos desconsiderá-la porque não há alarme falso. A audição de um alarme que não é seguida de escaneamento (situação 5) não satisfaz a premissa de que observamos intérpretes maduros de vocalizações. Nas situações 3, 7 e 8, nenhuma vocalização é interpretada.

Outros signos podem acontecer. Se diversos membros do grupo são observados tendo um comportamento específico, o intérprete pode ser impelido a ter o mesmo comportamento. Nesse caso, o alarme do predador, e sua presença, ou um comportamento específico do grupo (por exemplo, fuga para as árvores), são interpretados como índices do predador, em direta correlação espaço-temporal com ele. As situações 2, 4, e especialmente a 6, estão entre aquelas que nos interessam. Na situação 2, um macaco ouve e observa um predador, fugindo imediatamente — semiose icônica/indexical. Na situação (4), ele não ouve a vocalização mas visualiza um predador, fugindo imediatamente — semiose icônica. Na situação (6) ele ouve, mas não visualiza um predador, e tem um comportamento específico de fuga. (Não há qualquer indicação, em todos os artigos consultados, de que a situação 6 não tenha sido observada.)

2.2.1 Um limiar simbólico — a vocalização "denota um tipo de coisa"

Ao menos na situação 6, o alarme tem uma relação com o predador que representa, aprendida ou geneticamente determinada. Nesta situação, o alarme é capaz de produzir comportamento de fuga sem escaneamento sensório. Qual a natureza de uma relação triádica capaz de satisfazer esta descrição? Segundo Peirce, "um símbolo não pode indicar qualquer coisa particular; ele denota um tipo de coisa" (CP 2.301). Um índice é um signo relacionado espaço-temporalmente com seu objeto, de modo que devem existir, como eventos, signo e objeto — "um índice é um signo que se refere ao objeto que denota em virtude de ser realmente afetado por este objeto" (CP 2.248). Se o alarme é capaz de operar prescindindo de escaneamento, pode-se concluir que ele é signo de uma classe de objetos? Resta saber se um alarme, cuja interpretação produz uma reação que não depende de correlação espaço-temporal com um objeto existente, é um símbolo, ou, ainda mais precisamente, a réplica de um símbolo.

O símbolo é um signo conectado com o objeto em "virtude da mente-que-usa-o-símbolo", sem a qual tal conexão não existiria (CP 2.299). É um signo que está relacionado ao seu objeto em virtude de uma lei, "usualmente uma associação de idéias gerais" (CP 2.249). Quando o símbolo está em uma relação com algum objeto, logicamente depende de outro signo, seu interpretante. Se a relação signo-objeto não pode prescindir de um interpretante, então esta relação é mediada por uma lei, que Peirce define como "uma regularidade do futuro indefinido" (CP 2.293), e que consiste em "uma ocorrência condicional futura de fatos" (CP 4.464). São "gerais" os termos da relação.

Se o alarme é signo de uma classe (predador), então a relação com seu objeto deve ser mediada por uma lei. Podemos dizer que ele "evoca" uma representação, de qualquer modalidade, que está para uma classe de objetos através de ícones associados. Rapidamente pensamos na ideia de "convenção". Trata-se de um fenômeno exemplar embora, ligado à noção de arbitrariedade linguística, lugar comum entre etólogos e psicólogos, seja uma restrição que Peirce não impôs ao símbolo. As noções de "hábito", que são "regras gerais às quais um organismo se submete" (CP 3.360; 1.369), e de "disposição natural" (CP 4.531), são mais adequados. Para Peirce (CP 2.307), um símbolo é "um signo que é constituído meramente, ou principalmente, pelo fato de que é usado ou entendido como tal, seja natural ou convencional o hábito, e sem observar os motivos que originalmente governaram sua seleção".

Entre muitas discussões, Sidarta Ribeiro (com. pessoal) sugere: "existem no cérebro topologias preferenciais (probabilísticas) para a propagação de futura atividade elétrica, isto é, trajetórias latentes de atividade que podemos chamar de hábitos, no sentido Peirceano". Podemos voltar à definição inicial de signo e semiose, e às implicações que a noção de símbolo pode ter quando associadas a "disposição natural ou hábito". Já vimos que "aquilo que é comunicado a partir do objeto através do signo para o interpretante é uma Forma; o que equivale a dizer, não é nada como um existente, mas é um poder, é o fato que alguma coisa aconteceria sob certas condições" (MS 793: 1-3; 1906). O que é comunicado, a partir do leopardo, através do alarme para um intérprete, é o fato de que alguma coisa deveria acontecer sob certas condições. Como é comunicado? Se a forma incorporada é uma "preferência probabilística" responsável pela resposta de fuga, manifestado como um *display* em resposta ao alarme, então o que é comunicado, a partir do objeto, é uma lei.

Que comportamento se espera de seu usuário? Na versão psico-sociológica de Knight (1998: 72) sobre "signos convencionais", um componente de "confiança" assegura aos seus usuários eficácia na comunicação baseada em símbolos — "signos convencionais dependem de confiança". Parece razoável traduzir "confiança" por uma reação que não requer confirmação sensória adicional. Se há um limiar para um nível simbólico, ele pode estar na passagem do objeto do signo, que é um evento, para um objeto que é geral, e não precisa estar presente como um evento externo. O "efeito colateral" é um primata que não precisa escanear visualmente o ambiente para fugir (figuras 5.4 e 5.5).

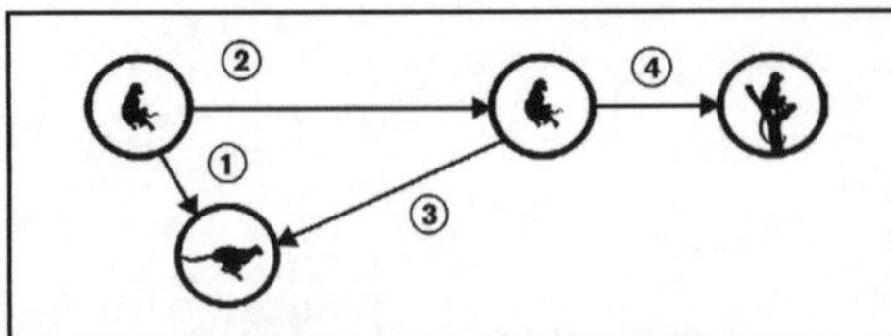

Figura 5.4. Semiose indexical
(1) visão do predador, (2) vocalização, (3) confirmação sensória, (4) fuga

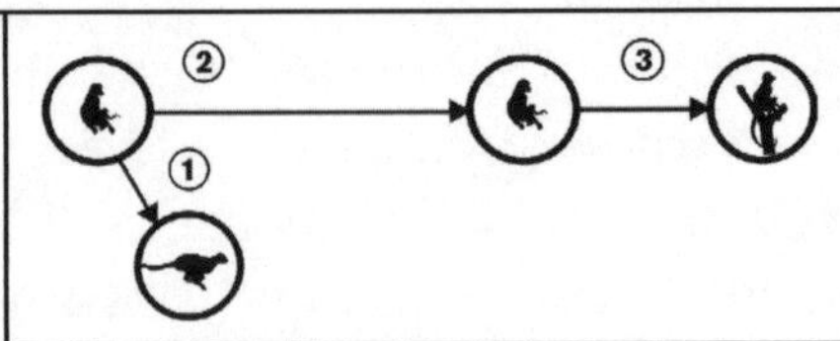

Figura 5.5. Semiose simbólica
(1) visão do predador, (2) vocalização, (3)fuga

2.2.2 Relações entre as classes — o modelo de Deacon

Descrevemos (capítulo 3) as relações de pressuposição entre as classes, que dividimos em relações de "instanciação e envolvimento". Por exemplo, símbolos devem instanciar índices que envolvem ícones — "um símbolo é um signo pronto para declarar que um conjunto de objetos, que é denotado por não importa que conjunto de índices, possam estar, de certas maneiras, conectados com ele, e são representados por um ícone associado a ele" (CP 2.295). Para Deacon (1997), a chave para entender uma "semiose indexical" está na noção de "aprendizagem associativa" entre relações icônicas. Uma correlação repetida de estímulos visuais e auditivos baseiam um tipo de aprendizagem que permite interpretar uma vocalização como signo indexical de um predador. Segundo o autor (1997: 77), "a competência indexical é construída a partir de conjuntos de relações entre ícones", que são a "base sobre a qual todas as formas de representação são construídas".

A hierarquia é clara — relações indexicais pressupõem diversas relações icônicas. Mas algumas condições devem ser satisfeitas. Em primeiro lugar, um evento deve ser considerado um ícone de eventos similares. Isto é, propriedades acústicas da vocalização devem ser interpretadas, por analogia, como instâncias de um padrão, tanto quanto um predador observado deve ser interpretado como similar de outro predador; "instâncias desta[s] ocorrência[s] devem se co-relacionar com estímulos adicionais no espaço-tempo" (Deacon 1997: 99), e, por fim, "co-relações passadas devem ser interpretadas como icônicas" (ibid.). Deacon exemplifica este processo através de dois casos (figura 5.6). No primeiro (ibid.), "a probabilidade de interpretar alguma coisa como icônica de alguma outra coisa é representada por uma série de domínios concêntricos de similaridades decrescente e o potencial icônico decrescente entre objetos". No segundo caso (figura 5.6), as correlações espaço-temporais (setas verticais) são associadas entre domínios concêntricos de similaridade, entre eventos pertencentes a estes domínios.

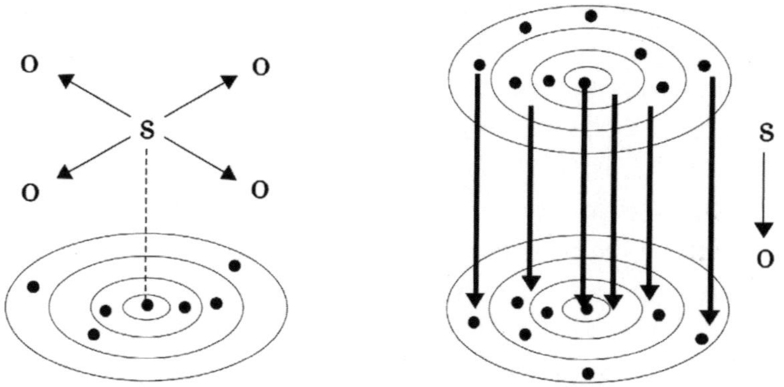

Figura 5.6: Relações de proximidade entre o signo e objeto; relações entre domínios concêntricos de similaridade.

Se, para Deacon (1997: 83), a "aprendizagem é uma função da probabilidade de correlações entre coisas, de um nível sináptico a um nível comportamental", o que determina uma "referência simbólica" não é uma probabilidade de co-ocorrência, mas, mais do que isso, uma função de co-relação do símbolo com outros símbolos. A aprendizagem de símbolos envolve a aprendizagem de inter-relações, em um sistema de regras, de nós do que ele chama "matrix símbolo-simbólica", capaz de produzir "padrões combinatoriais potenciais" de referência (ibid.: 93), sua principal propriedade de generatividade. O símbolo resulta da aprendizagem de interdependência dos elementos de um sistema construído sobre a aprendizagem associativa que gerou a competência indexical (co-relação espaço-temporal S-O), em um nível inferior. Relações simbólicas dependem de numerosas relações entre índices. O problema, então, é determinar quando esta competência, decorrente de uma aprendizagem de interdependência dos elementos de um sistema "construído sobre" a aprendizagem associativa que gerou a competência indexical, começa a ser observada.

Mas esta questão depende do escopo de aplicação das classes e seus termos. Em nossa análise, Deacon parece ter em mente o que é chamado de "símbolo genuíno", e cuja explicação é especialmente útil para entender a afirmação de Peirce — "símbolos crescem" (CP 2.302). Embora seja precisa sua abordagem do índice, como dependente de aprendizagem associativa, é mais problemático tratar correlações passadas que tendem a ser preditivas de futuras correlações, um processo que envolve generalização, como parte desta habilidade, como ele diversas vezes sugere. A questão é que "nem ícones nem índices possuem generalidade" (CP 1.372). A projeção icônica de um estímulo, quando apresentado, em outro estímulo, uma operação de predição de suas possíveis variações, constitui, para Deacon, um exemplo do que ele chama de competência indexical. Neste caso, a generalização de estímulos pode explicar a reação de fuga sem escaneamento nos macacos-verde (ibid.: 81). Esta questão também envolve os limites de aplicação das classes, conforme suas definições. Vamos examinar suas correspondências com substratos neurais específicos.

2.2.3 Substratos neuroanatômicos das relações entre as classes

Quais são os candidatos neuroanatômicos associados a interpretação das classes de signos? Um limiar simbólico deve pressupor níveis inferiores de semiose (icônicos e indexicais) em um domínio mais alto, DR2 (figura 5.7), capaz de gerar respostas de fuga através do sistema motor. Isso nos leva ao seguinte esquema:

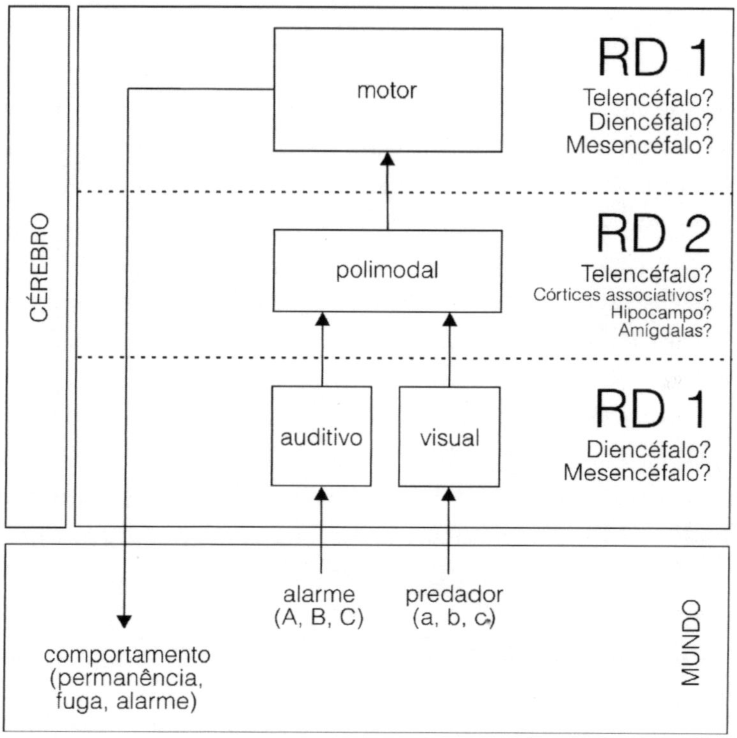

Figura 5.7: Diagrama das interações envolvidas na interpretação dos signos. Estímulos sensórios apresentados ("mundo") são iconicamente representados no cérebro, em um domínio de primeira ordem, DR1, de acordo com modalidades específicas (visual e auditiva). Enquanto a visão de um predador em DR1 é suficiente para provocar uma resposta de fuga, através do sistema motor, a representação de um alarme em DR1 não evoca diretamente o predador, e é insuficiente para produzir a mesma resposta. Apresentados juntos, o alarme é correlacionado, em DR1, como índice do predador, e segue-se uma resposta de fuga. A existência de um meta-domínio (higher-order domain), DR2, que associa modalidades sensórias, permite ao cérebro interpretar um alarme apresentado como um simbolo de seu objeto produzindo uma resposta de fuga através do sistema motor.

Em termos esquemáticos, *inputs* sensórios são processados por receptores periféricos, processados, e analisados, por circuitos aferentes primários, dedicados a modalidades sensórias específicas.[134] No caso da audição de uma vocalização, o processamento tem início na cóclea, que transforma energia sonora em sinais elétricos. Aproximadamente, 16.000 células ciliares, em cada cóclea, são inervadas por cerca de 30.000 fibras nervosas aferentes, que levam as informações ao cérebro através do oitavo par craniano. Os axônios do componente coclear do oitavo par craniano terminam no complexo nuclear coclear, que está localizado na junção médulo-pontina, medialmente ao pedúnculo cerebelar inferior. A informação flui ascendente dos núcleos cocleares para o tronco cerebral, por uma série de núcleos-relês ricamente interconectados. Os axônios de diversos tipos celulares presentes nos núcleos cocleares se projetam para diversos outros núcleos em níveis mais rostrais do tronco cerebral até que alcançam o colículo inferior de onde enviam seus axônios para o corpo geniculado medial do tálamo (região diencefálica). As células no geniculado medial projetam axônios para o córtex auditivo primário no giro temporal superior. As regiões auditivas do córtex cerebral analisam as informações e decompõem padrões sonoros mais complexos. Através de vias paralelas de processamento auditivo que se projetam para áreas corticais associativas, o cérebro processa diferentes aspectos do som.

De acordo com a figura 5.7, as áreas DR1 e DR2 devem ter distintos substratos neurais. As hipotéticas regiões de DR1 são vias sensórias unimodais que alcançam o mesencéfalo, diencéfalo, e áreas neocorticais; regiões candidatas a DR2 podem ser localizadas em áreas associativas no neocórtex frontal, temporal e parietal. Estas áreas estão relacionadas com a integração de *inputs* sensoriais polimodais e com o planejamento de atividade motora. A identificação de possíveis substratos neuroanatômicos para DR1 e DR2 permite-nos idealizar um experimento baseado em lesões seletivas de diversas estruturas (legenda da tabela 5.2). As predições são mapeadas abaixo (tabela 5.2). O experimento idealizado consiste na apresentação de um alarme e/ou um estímulo visual para um macaco-verde lesionado. Suas respostas comportamentais são monitoradas de modo que podemos classificar a interpretação, em cada instância. DR1 e DR2 são termos genéricos para domínios cerebrais relativos a

[134] Kandel, Schwartz & Jessell (1999).

níveis básicos (*first-order*), icônicos e indexicais, e meta-domínios (*second-order*), simbólicos. A identificação de áreas específicas pertencentes a DR1 e DR2 é uma questão confirmada por lesões neuro- anatômicas específicas, e por análise comportamental descrita nesta tabela (5.2).

lesão neuro-anatômica	**estí-mulo visual**	**auditivo**	**escaneamento pós estímulo**	**comporta-mento**	**interpretação**
DR2	sim	não	não	fuga	ícone do predador
	não	sim	sim	não-fuga	índice
	sim	sim	sim	fuga	índice do predador
DR1 (visual)	sim	não	não	não-fuga	nenhuma interpretação
	não	sim	sim	fuga	símbolo do predador
	sim	sim	sim	fuga	símbolo do predador
DR1 (auditivo)	sim	não	não	fuga	ícone do predador
	não	sim	não	não-fuga	nenhuma interpretação
	sim	sim	não	fuga	ícone do predador
DR2 & DR1 / visual	sim	não	não	não-fuga	nenhuma interpretação
	não	sim	sim	não-fuga	índice
	sim	sim	sim	não-fuga	índice
DR2 & DR1 / auditivo	sim	não	não	fuga	ícone do predador

Tabela 5.2 . Experimento baseado na associação entre lesão seletiva, resposta comportamental e interpretação sígnica.

Merece um tratamento mais cuidadoso o envolvimento de estruturas que pertencem a DR2 em operações típicas de DR1 (por exemplo, indexicais), e as implicações para entender como um processo indexical é capaz de generalização (cf. Deacon sugere, seção acima). Isso pode ser assim resumido: há evidências de que a região hipocampal, localizada no sistema límbico, é o substrato neural do que se conhece como "memória episódica". O hipocampo recebe projeções de várias áreas corticais, na forma de *inputs* polimodais (auditivos, olfativos, visuais, etc) e uma de suas sub-regiões, o CA3, devido a sua arquitetura, integra estes *inputs* na formação de memórias episódicas. Ele opera indexicalmente em DR2 — os alarmes são interpretados a partir de associações polimodais. A reconstrução de um padrão, aprendido por correlação repetida de estímulos, é possível pela apresentação parcial de um estímulo — por exemplo, a presença iminente do predador pela apresentação de co-específicos em fuga. As células de CA3, que recebem inputs sensoriais polimodais, interligam estes inputs através de sequências espaço-temporais específicas de cada modalidade — "se um ruído [vocalização] é seguido pela visualização de um objeto [predador], em um certo evento, células que respondem ao ruído terão reforçadas as ligações com as células que respondem a visualização do objeto. Assim, temos no hipocampo uma estrutura que representa associações polimodais, mas de tal forma que esta representação é determinada por sequências espaço-temporais" (Ivan de Araújo, com. pessoal). Torna-se um problema que "índices gerais" possam ser produzidos em DR1. Vamos, nas próximas seções, explorar as consequências deste argumento em termos de processos semióticos simbólico- indexicais.

3. Revisão dos principais argumentos e novos complicadores

Analisamos a interpretação dos alarmes em macacos-verde, de acordo com a primeira classificação de signos — ícone, índice e símbolo —, e identificamos, em seguida, seus candidatos neuroanatômicos. Sugerimos a existência de, ao menos, dois domínios dedicados à interpretação de signos icônicos, indexicais, e simbólicos. Idealizamos um experimento baseado em lesão cerebral capaz de mapear as relações de pressuposição entre as classes. De acordo com o modelo proposto, uma resposta comportamental específica permite identificar a formação de símbolos em primatas não-humanos — a passagem de um comportamento que produz escaneamento sensório, depois da audição de um alarme, para um comportamento que produz fuga imediata, depois do alarme, corresponde a passagem de uma semiose indexical (reativa espaço-temporalmente) para uma semiose simbólica.

Vimos que macacos-verde desenvolveram um sofisticado repertório de vocalizações para diversas formas de predação. São três os principais tipos de vocalização documentados: para leopardos, cobras e águias. Cada um destes tipos produz uma resposta comportamental específica. As questões que abordamos: (i) qual a relação entre as vocalizações e seus predadores? (ii) quais estruturas neurais devem ser consideradas os substratos destas relações? Se a relação entre o predador e o alarme de sua presença for icônica, o alarme é um signo do predador em virtude de uma qualidade que compartilham. Ambos constituem, por semelhança, uma identidade em algum aspecto. Não é o que observamos. A estrutura das vocalizações, isto é, suas propriedades acústicas (por exemplo, amplitude e altura), não parecem análogas ao predador, sob qualquer aspecto. Estas condições, por sua vez, são satisfeitas pelas relações entre a presença do predador e seu processamento visual, de um lado, e o alarme e seu processamento auditivo, de outro. Mas se o alarme é um signo do predador em virtude de uma correlação espaço-temporal com o predador, então ele é um índice do predador. Neste caso, o alarme é realmente afetado pelo predador, de modo que ambos devem existir como fatos ou eventos. As descrições sugerem que algo assim acontece: uma correlação alarme-predador é aprendida por associação, como um episódio.

Uma contiguidade de dois eventos espaço-temporalmente coincidentes indica uma modalidade indexical de relações. Especulamos sobre os substratos neuroanatômicos destas relações. Seyfarth & Cheney (1990), e outros, não têm dúvidas ao afirmar que tais relações são "semanticamente orientadas" e dependem de maturação ontogenética. Não há muita divergência sobre este ponto, embora estes autores tenham baseado suas conclusões em pressupostos muito distintos do que propomos aqui. Sugerimos a possibilidade de uma transição para um nível mais "alto". Neste nível, o objeto do signo deve ser uma classe de objetos, e portanto não precisa existir como um evento. Tal relação só pode funcionar se uma mente-interpretadora é capaz de associar objetos com um padrão acústico específico, sugerindo sua dependência de uma fase indexical de aprendizagem. Se as relações de dependência (icônico > indexical > simbólico) estiverem corretas, qualquer comprometimento com os correlatos da fase indexical deve alterar a performance simbólica, e a recíproca não deve ser verdadeira. Idealizamos um experimento para testar esta hipótese. Investigamos: (i) possíveis substratos associados à interpretação de signos icônicos, indexicais e simbólicos, (ii) organização destes substratos de acordo com as relações de pressuposição previstas pelo modelo de Peirce.

3.1 Protosímbolos? Símbolos rudimentares?

Mas vejamos outras divisões. Tratamos o limiar índice-símbolo como uma transição — do objeto (referente do signo) como um particular para uma classe de objetos. Esta análise deve estar correta. Mas ainda é duvidoso se lidamos com símbolos genuínos, que são símbolos "que têm significado geral" (CP 2.293), seu interpretante e seu objeto sendo da mesma natureza. Pode-se especular que, se fosse assim, eles seriam usados em situações livre-de-contextos, em simulações de estados de eventos. A questão é que, aparentemente, são sempre dependentes de perigo imediato. Mas ainda assim, em nossa análise, são tratados como símbolos. As noções de "protosímbolo", ou "quase-símbolo", seriam úteis, não fosse o fato de Peirce ter desenvolvido diversas tipologias para descrever formas que são chamadas de formas simbólicas rudimentares, e que derivam de novas divisões tricotômicas.

Sobre o símbolo, "existem dois tipos de símbolos degenerados — o símbolo singular cujo objeto é um existente individual e que significa somente as características que o individual pode realizar; e o símbolo abstrato cujo único objeto é um caráter" (CP 2.293). A primeira divisão parece satisfazer nossa análise. O alarme é interpretado como signo de uma classe de objetos que existe, um símbolo interpretado como um índice, ou um símbolo dicente.[135] O objeto do signo é um geral, mas é interpretado como um existente. Diversos autores, inclusive Deacon (1997), desconsideraram as divisões introduzidas por Peirce a partir de *Harvard Lectures* (capítulo 4). Este também é o caso de Noble & Davidson (1996: 8): "Nosso critério para comunicação baseada em símbolos é 'tudo-ou-nada'; temos dificuldade com noções como 'protolinguagem', 'linguagem rudimentar', ou 'linguagem como nós a concebemos'".

Nós podemos concluir que uma habilidade para manipulação de diversos tipos de signos observados em primatas não-humanos, e em macacos-verde em particular, pode não ser bem delimitada pelo uso das classes — ícone, índice, símbolo. Neste caso, usamos outras classificações para descrever (i) a natureza dos signos, (ii) a natureza de suas relações com seus objetos (cf. vimos acima), (iii) a natureza dos interpretantes.

3.2 Algumas distinções sobre as vocalizações — legisignos e sinsignos, signos genuínos e degenerados

Tanto o ato de produção do alarme (asserção de uma proposição: leopardo!), como sua percepção direta, são eventos particulares. A questão é se o alarme é, ou não, interpretado como a réplica (*token*) de um símbolo (*type*), porque devem existir índices que não são réplicas de símbolos. Usamos designadores em nossa comunicação todo o tempo, mas eles são instanciações de *types*. Vimos como um pronome demonstrativo asserido em uma página pode funcionar como um índice de um objeto que não está manifesto, mas ele é sempre interpretado como conectado a um objeto, e sua aprendizagem deve ter envolvido um "dedo indicador apontado para um evento" (capítulo 3). Como saber quando observamos símbolos? Toda entidade que funciona como um símbolo é da natureza de uma lei, que é descrito por Peirce como uma "regularidade do futuro indefinido" (CP 2.293). Mas sabemos o que é uma lei pelos casos especiais e particulares de eventos que ela governa; uma lei "necessariamente governa individuais ('é incorporada em') e prescreve algumas de suas qualidades" (CP

[135] Tratei disso mais detalhadamente, num domínio restrito de biosemiótica, em diversos trabalhos: Queiroz (2012, 2003), Queiroz, Stjernfelt & El-Hani (2012, 2013).

2.293). Então, um constituinte do símbolo deve ser um índice e deve ser um ícone. Para Peirce, "um símbolo, em si mesmo, é um mero sonho; ele não indica sobre o que fala. Ele precisa estar conectado com seu objeto e, para este propósito, um índice é indispensável. Nenhum outro tipo de signo pode atender este propósito" (CP 4.56).

Embora um símbolo seja sempre da natureza de um geral — a recíproca não é verdadeira, i.e., nem todo signo que é geral, ou legisigno, precisa relacionar-se com seu objeto através de uma lei —, ele deve instanciar eventos particulares através dos quais pode funcionar como um signo. Qual a natureza de seu objeto? Quando tratar-se de um símbolo genuíno, seu objeto será sempre um geral. Mas para atuar como um signo ele deve ser instanciado em sinsignos. Se todo legisigno age por meio de sinsignos, que são suas réplicas, não é certo que todo sinsigno é a réplica de um legisigno.[136] Os alarmes classificados não são, todos, réplicas de símbolos, casos em que escaneamentos não se seguem à audição das vocalizações. Se um membro do grupo reage à audição do alarme, sem escaneamento sensório, supomos que ele interpreta este evento, e suas qualidades (amplitude, altura, timbre, etc), como uma classe de objetos, um conjunto de objetos existentes. Sugeri que há, a favor deste argumento, evidências sobre a ontogênese possivelmente tardia desta reação, indicando um comportamento mais sofisticado.

Lidamos com outra divisão tricotômica quando perguntamos sobre a "natureza dos signos", e sobre a "natureza do interpretante" — rema, dicente, argumento. Como vimos (capítulo 4), o rema é um signo que é interpretado como um signo de "possibilidade" — "um signo de possibilidade qualitativa, ou seja, [ele] é entendido como representando esta e aquela espécie de Objeto possível" (CP 2.250). O dicente é um signo que, para seu interpretante, é um signo de existência real, um evento ou uma ocorrência, "portanto, ele não pode ser um ícone que não dá base para interpretá-lo como sendo algo que se refere a uma existência real" (CP 2.251).[137] O argumento é um signo que é interpretado como um signo de lei.

[136] Há casos notáveis. Alguns aparecem com frequência em manchetes e notícias espetaculares -- "Grupo de arqueólogos descobre inscrição em uma corruptela do aramaico bíblico ...". Embora muitas vezes incompreensíveis, são intanciações de legisignos.

[137] Muitos pesquisadores têm preferido o termo "dicisigno" (*dicisign*) para se referir a esta classe (Stjernfelt 2014).

Diversos autores sugeriram que o que examinamos entre os macacos-verde são réplicas de legisignos, mais particularmente de legisignos indexicais dicentes (cf. Lauro Barbosa, Michel Balat, Joelle Réthoré, com. pessoal). Se um signo, que é uma lei, desloca a atenção para um evento, isto é, quando identifica um individual, ele pode satisfazer as condições de descrição de uma classe que não é um símbolo, mas um legisigno indexical. Qualquer instância dele é um sinsigno dicente, chamado de designativo, denotativo, ou indicativo — um signo particular que indica um existente por ser realmente afetado por ele, e é interpretado como estando em uma conexão real com seu objeto — "como um pronome demonstrativo, ou um dedo apontado, [ele] dirige brutalmente o 'globo ocular mental' do intérprete para o objeto em questão" (CP 8.350). Um dos exemplos de Peirce desta classe é um "catavento" (CP 2.257). Um sinsigno indexical remático (221) é outra classe que atua dirigindo a atenção para um objeto particular, e pode ser uma réplica do legisigno que observamos. É a existência do objeto que determina esta experiência. Mas diferentemente, a associação entre os dois é interpretada como uma "mera possibilidade", como um ícone. Para Merrell (1995), esta classe descreve uma "resposta instintiva, espontânea, automática; um alarme, um sinal, como 'Cuidado!'", e esta interpretação parece em fina sintonia com a identificação de aspectos volitivos na vocalizações de chipanzés, e de outros primatas, uma importante distinção quanto a natureza não "apaixonada" da comunicação de humanos. Segundo Knight (1998:73), "humanos, diferentemente de chimpanzés, podem vocalizar desapaixonadamente. Isto é uma capacidade essencial, e chave, para evolução de sistemas de comunicação vocal baseados em convenção."

Duas classes de legisignos, um deles simbólico, podem satisfazer as descrições que examinamos. A primeira classe, um "signo geral" (legisigno indexical remático) é realmente constrangido por seu objeto de tal modo a atrair a atenção para ele. O exemplo já mencionado (capítulo 3) é o "pronome demonstrativo" (CP 2.259), um "designativo". Um legisigno simbólico dicente, uma "proposição ordinária" (CP 2.262), é um signo geral que representa seu objeto através de uma idéia geral, embora, para seu interpretante, seja realmente afetado pelo objeto.[138]

[138] Com relação à natureza do sujeito da proposição, vimos (capítulo 4) que há duas posições sobre sua natureza — legisigno indexical remático e legisigno indexical dicente.

A questão sobre a natureza do objeto parece mais complicada. Pode-se, por exemplo, perguntar se um signo indexical pode ter por objeto algo que não existe como evento. A resposta de Peirce é afirmativa. O signo é definido por Peirce como podendo "denotar um objeto perceptível, somente imaginável, ou mesmo inimaginável" (CP 2.230). Assim, o alarme pode ser índice de um objeto que não foi percebido. "Simples coleções de unidades" ou "simples *continua*" podem satisfazer esta restrição:

> "Índices podem ser distinguidos de outros signos, ou representações, por três marcas características: primeiro, eles não têm semelhanças significativas com seus objetos; segundo, eles se referem a individuais, unidades simples, simples coleções de unidades, ou simples *continua*; terceiro, eles dirigem atenção para seus objetos por compulsão cega." (CP 2.306)

A "compulsão cega" de um "objeto mental", aprendido, pode satisfazer a descrição desta classe. Peirce sugere diversas divisões para o índice — genuínos e degenerados (CP 2.283), reagentes e designações (CP 8.368 ft.23). Em uma relação indexical genuína, S e O devem ser existentes individuais e o interpretante deve ser do mesmo tipo. Uma relação indexical de referência é uma relação degenerada:

> "Um índice, ou sema ({séma}), é um representamen cujo caráter representativo consiste em ser um segundo individual. Se a secundidade é uma relação individual, o índice é genuíno. Se a secundidade é uma referência, o índice é degenerado. Um índice genuíno e seu objeto devem ser existentes individuais (sejam coisas ou fatos), e seu interpretante imediato deve ser do mesmo caráter. Mas, desde que todo individual deve ter características, segue-se que todo índice genuíno pode conter uma primeiridade, e, portanto, um ícone como uma parte constituinte. Qualquer individual é um índice degenerado de suas próprias características." (CP 2.283)

Relativamente aos alarmes, e no domínio DR1, observamos os dois tipos. O que chamamos de "indice-de-si-mesmo" (tabela 5.2: linha 2), que é um índice degenerado de seus próprios caracteres (CP

2.283), parece muito distinto do índice do leopardo (tabela 5.2: linha 3), embora não seja clara a associação destes tipos com reagentes e designadores. Estes últimos são considerados por Peirce como elementos "absolutamente indispensáveis à comunicação e ao pensamento (CP 8.368, ft.23). Diversos exemplos são mencionados (CP 2.285-290): um pronome demonstrativo, relativo ou pessoal, uma letra que representa uma variável em um diagrama, um dedo indicador apontado para um evento, estão entre os mais citados.

O índice, descrito como réplica de um símbolo (designador), está para "um sistema de signos" como estão, por exemplo, os pronomes demonstrativos para o sistema da língua? Esta questão é crucial para a análise que propomos. Um pronome demonstrativo particular ("aquele") é um sinsigno cuja função indexical depende de ser interpretado como réplica de uma lei, e a partir da qual pode funcionar como um índice em uma proposição. Neste caso, a dependência icônica parece irrelevante, de modo muito distinto de quando pensamos em um dedo apontando para um objeto, e mais ainda em uma fotografia, baseada em emulsão sensível à luz, apontando para o mundo, ambos designadores. Algumas das vocalizações que observamos são designadores e podem ser classificados como legisignos-indexicais (sub-index) (CP 2.265). Como eventos, são réplicas (sinsignos indexicais dicentes) de um padrão capaz de, regularmente, instanciar signos para indicar a presença de objetos particulares. Em quaisquer casos, seus interpretantes são dicentes, i.e., signos interpretados como espaço-temporalmente conectados a seus objetos. Mas observamos um comportamento distinto, que também classificamos como indexical, e que se parece com o que Peirce chama de reagente. Ele deve envolver um comportamento menos complexo, e que chamamos, no experimento que idealizamos, de índice degenerado de seus caracteres.

De um lado, índices podem ter "gerais" como objetos (CP 2.306, acima), de outro, símbolos podem ter coisas reais (eventos particulares) como objetos:

> "Existem duas maneiras nas quais um símbolo pode ter uma coisa existencial como seu objeto real. Primeiro, uma coisa pode se

conformar a ela, ou acidentalmente, ou em virtude do símbolo ter a virtude de um hábito em crescimento; segundo, o símbolo ter um índice como parte de si mesmo" (EP 2:274);
"O símbolo será indiretamente afetado, através de associação ou outra lei, por suas instâncias; portanto um símbolo envolverá um tipo de índice, embora de tipo particular". (CP 2.249)

3.3 Para que servem ícones, índices, símbolos?

"[...] Existem três tipos de signos que são indispensáveis em todo raciocínio. O primeiro é um signo diagramático, ou ícone, que exibe similaridade ou analogia com o objeto do discurso; o segundo é o índice que, como um pronome demonstrativo ou relativo, força a atenção para um objeto particular sem pretender descrevê-lo; o terceiro [símbolo] é um nome geral ou descrição que significa seu objeto por meio de uma associação de idéias, ou conexão habitual entre o nome e o caráter significado." (CP 1.369)

Uma "ideia é comunicada" através de ícones:

"O único modo de diretamente comunicar uma ideia é através de um ícone; e todo método indireto de comunicar uma idéia deve depender, para seu estabelecimento, do uso de um ícone. Portanto, toda asserção deve conter um ícone ou um conjunto de ícones, ou mais, deve conter signos cujo significado somente é explicado por ícones". (CP 2.278)

Vimos (acima) como um processo indexical deve depender de associações entre ícones (aprendizagem associativa). Para Peirce, um índice, *strictu sensu*, não informa nada (CP 2.291, CP 1.369). Um índice apenas dirige a atenção para seu objeto através de "compulsão cega" (CP 2.360), sempre se refere a "singulares" e são considerados, no caso de designadores, como "absolutamente indispensáveis à comunicação e ao pensamento" (CP 8.368, ft.23). E quais as vantagens do símbolo? Hudson (2001), em uma resenha do livro *Symbolic Species*, de Deacon (1997), afirma:

> "Outra vantagem da simbolização é a possibilidade de representar 'emoções e crenças' simbolicamente em nossas mentes — por exemplo, nós podemos pensar em raiva sem sentir raiva, e podemos considerar a proposição 'está chovendo' sem realmente crer que está chovendo. Embora Deacon não explique exatamente como esta possibilidade emerge do uso de símbolos, parece razoável ligar os dois."

A questão de Hudson é explorada por Peirce em diversas direções: "Dificilmente passarão cinco minutos de nossa vida em vigília sem que façamos algum tipo de predição" (CP 1.26). A passagem de uma mente "reativa" para uma mente "preditiva" equivale a uma diminuição das coerções típicas da semiose indexical, fortemente modulada pelos sentidos, para uma semiose simbólica. Esta ideia tem diversas implicações. Ela pode estar ligada à filogênese do sonho, ao desenvolvimento de jogos em diversos nichos,[139] e à produção controlada de artefatos, em muitas espécies.[140] Esta aproximação (símbolos <=> atividades preditivas) parece natural uma vez que conhecidas estruturas responsáveis por algumas destas tarefas são aquelas associadas ao processamento de símbolos, segundo o modelo de Peirce. Esta, evidentemente, é uma ideia que precisa de desenvolvimento. Ela permite rever algumas das teses mais conhecidas sobre emergência da linguagem em humanos. A hipótese defendida por Dunbar (1998) de "cérebro social" é de especial interesse aqui. Segundo Dunbar, a linguagem resulta de um aumento de pressão social, que se complexifica quando aumentam as interações intraespecíficas.

> "Em resposta a pressões ecológicas resultantes da demanda de grandes grupos, espécies foram forçadas a evoluir proporcionalmente cérebros maiores, para permitir a estabilidade de tais grupos. Isto originou a hipótese de cérebro-social que enfatiza a tese que o cérebro primata é mais propriamente uma ferramenta social do que ecológica". (Dunbar 1998: 94)

Podemos generalizar a hipótese de Dunbar, de "cérebro simbólico", com foco nas simulações destas interações, como parte de diversas

[139] Ribeiro (2000).
[140] Vauclair (1995).

situações e atividades (sonhos, jogos, brincadeiras, etc). Em um "ambiente semiótico", simulações são conduzidas, e interações intra-específicas reforçadas e desfeitas. Um cérebro simbólico, ao coordenar eventos em um futuro hipotético, prescreve as qualidades dos objetos destes eventos, e extrai consequências de seus "comportamentos virtuais". A simulação de diversas possibilidades de fuga pode estar entre as pressões seletivas. Se certa esta suposição, uma transformação da natureza do objeto da relação semiótica, de uma singularidade para um geral (*token* => *type*), acompanhado de uma diminuição do tempo de reação à vocalização, o que representa um enorme ganho adaptativo, deve ser produto de estruturas que evoluíram para interpretar simulações de interações interespecíficas, sonhos, jogos, brincadeiras etc. Ainda sobre a ideia de Dunbar, no núcleo de sua hipótese está indicada a passagem da atividade de "catar" (*grooming*) entre primatas, que ele considera uma atividade diádica, para linguagem, ou vocalização, equivalente ao que descrevemos como uma atividade irredutivelmente triádica.

> "Linguagem é uma solução efetiva por diversas razões. Primeiro, ela permite o uso mais eficiente do tempo, porque o indivíduo pode catar em três indivíduos ao mesmo tempo. Em contraste, '*grooming* social' é uma atividade essencialmente diádica: você não pode catar em mais de um indivíduo por vez". (Dunbar 1998: 96)

Outro fenômeno, investigado em arqueologia cognitiva, e rapidamente mencionado acima, está relacionado à produção controlada de artefatos, na história evolutiva de algumas espécies (por exemplo, em humanos).[141] O problema é formulado nos seguintes termos:

> "A maior parte dos arqueólogos associam linguagem com tecnologia Mousteriana. Todos concordam que o problema não pode ser resolvido, por enquanto, porque não há uma performance tecnológica claramente correlacionada com linguagem." (Ingold 1993, Wynn 1993)

[141] Gibson & Ingold (1993), Nobles & Davidson 1996).

Mas essa questão pode ser reformulada como aparecimento de artefatos e tecnologias relacionado ao aparecimento de processos simbólicos[142] — a passagem de uma fase de manufatura de ferramentas, indexicalmente interpretadas, e cujas seleções dependem de correlações espaço-temporais com as tarefas que representam, para uma fase de produção controlada das propriedades (ícones) destas ferramentas, como manufaturação de símbolos. A ideia de relacionar o aparecimento de processos simbólicos com a fabricação de ferramentas, e com estruturas cerebrais requeridas para o processamento de certas atividades (análogas ou homólogas) em primatas não-humanos, conforme os modelos propostos, deve permitir a comparação de resultados de semiótica, neuropaleontologia, etologia e arqueologia cognitiva.[143]

4. Mais consequências em etologia cognitiva e novos desenvolvimentos

Os etólogos que trabalham na descrição de fenômenos de vocalização em primatas não-humanos não têm dúvidas que observam eventos "funcionalmente referenciais", cuja aprendizagem depende de interação com membros do grupo.[144] E o conceito de arbitrariedade linguística parece satisfazer, em todos os estudos de caso, às condições para identificação e demarcação destes fenômenos.[145] Há diversos problemas aqui:

> (i) Uma versão linguicêntrica tem dificuldade para incorporar às suas explicações processos multimodais. Ela tende a observar sistemas de linguagem (por exemplo, sistemas baseados em proto-gesticulação), pelo que falta neles (por exemplo, generatividade, sistematicidade, simbolicidade), relativamente às principais propriedades de sistemas linguísticos (por exemplo, composicionalidade sintática, semântica, etc).
> (ii) Os modelos de relação signo-objeto são diádicos e as classificações dicotômicas — simbólico (ou arbitrário) *versus* não-simbólico

[142] Pelegrin (1990), Audouze (1999).
[143] Sobre as correlações entre símbolos e artefatos, em termos evolutivos, no *Sapiens sapiens*, recomendo o artigo: Queiroz, Rodrigues, Ribeiro (2012).
[144] Zuberbühler (1999), Seyfarth & Cheney (1992).
[145] Vauclair (1995: 100).

(ou motivado). Há uma fase ignorada de produção indexical, sobre a qual não há menção em qualquer trabalho consultado, e uma consequente confusão desta fase com processos icônicos.
(iii) As classificações não fornecem um esquema de ordem de complexidade entre os processos observados.

Estão entre as vantagens do modelo que propomos:

(i) Uma teoria semiótica de processos multimodais é associada a tipos distintos de inferência — abdutiva, dedutiva e indutiva. O uso destes tipos, em neuroetologia, foi originalmente proposto por Ribeiro (2000), mas seu desenvolvimento ainda está por ser feito. Este argumento deve justificar a razão pela qual não podemos reduzir ícones a processos perceptivos e índices a aprendizagem associativa.
(ii) O modelo diádico de semiose, e as tipologias dicotômicas de classificação, são substituídos por esquemas mais sofisticados. Isto permite tratar coisas e processos muito diferentes (pronomes demonstrativos, letras como variáveis, coluna sensível de um termômetro, exclamação, fotografia) como exemplos de um tipo ou classe (indexical), e coisas e processos muito próximos (vocalizações e reações específicas) como classes distintas de semiose (simbólico e indexical).
(iii) A motivação sinequista do pensamento de Peirce,[146] com consequências na gramática especulativa, sugere um gradualismo na passagem do ícone para o índice, e do índice para o símbolo, que não resulta da incorporação *ad hoc* de hipóteses, mas são desenvolvidas no interior de seu sistema filosófico, em diferentes domínios (matemática, fenomenologia, lógica, metafísica). As classificações correntes baseiam-se em critérios dicotômicos e exclusivos. Como vimos, de acordo com Noble & Davidson (1996: 8), "nosso critério para comunicação baseada em símbolos é 'tudo-ou-nada'". Este critério tem dificuldade para lidar com processos que misturam processos indexicais e simbólicos.
(iv) Os modelos e tipologias peirceanas fornecem um esquema lógico para as versões psico-sociológicas correntes em etologia cognitiva e psicologia comparada sobre processos semióticos.
(v) Conforme as tipologias Peirceanas, uma teoria do desenvolvimento ontogenético de habilidades semióticas deve basear-se em relações de pressuposição hierárquicas previstas nos modelos lógicos de relação.

[146] Esposito (2005).

(vi) As descrições de processos semióticos multimodais, que apresentei neste capítulo, baseiam-se em uma teoria lógica-fenomenológica de categorias, com as vantagens de generalidade decorrentes de um modelo que não está primariamente interessado em fenômenos linguísticos. E sabemos que os processos descritos são filogeneticamente anteriores ao aparecimento de linguagem, em humanos, que deve ser absorvido como um fenômeno especial de semiose simbólica.
(vii) O modelo intérprete-dependente de Peirce integra tendências recentes em Ciência Cognitiva — *Situated and Embodied Cognitive Science* — cujas abordagens têm foco na ação materialmente situada de agentes.

O que precisamos ainda fazer, mais imediatamente:

(i) explicar "como" símbolos podem resultar de mecanismos de aprendizagem associativa entre signos indexicais;
(ii) identificar os substratos neurobiológicos associados a estes mecanismos;
(iii) simular estes mecanismos, em modelos computacionais (por exemplo, em *Cognitive Robotics* e *Synthetic Ethology*), e investigar a necessidade e suficiência de seus requisitos;
(iv) identificar e explicar as propriedades associadas à linguagem que aparecem em tipos especiais de símbolos (por exemplo, argumentos), em primatas não-humanos.

VI

Conclusão — Representação, Gênero e Família de Signos

Representação é uma noção subsidiária. Para Hutchins (1995: 355), "muita coisa nas ciências cognitivas consiste em um problema de atribuição. Nós desejamos fazer asserções sobre a natureza de processos cognitivos que não podemos, em geral, observar diretamente. Então fazemos inferências sobre indicações indiretas e atribuímos, a sistemas inteligentes, conjuntos de estruturas e processos que poderiam ter produzido certas evidências empíricas." Supomos que, ao representarmos uma coisa (entidade ou processo) a substituímos por outra coisa (entidade ou processo). Assim, hipoteticamente, um inseto que se desloca em seu voo sem se perder está substituindo certas coisas do espaço por representações destas coisas, em um mapa (mental?) deste espaço. Sua sobrevivência num ambiente que se modifica imprevisivelmente depende dessas substituições. O macaco-verde, que vimos no capítulo v, substitui um predador, observado visualmente, por um padrão de vocalização sobre o predador, ganhando alguns segundos em sua fuga, uma diferença importante entre viver e ser devorado.

Para Haugeland (1998: 172), influente filósofo em IA, explicar as condições de adaptação de "um sofisticado sistema (organismo) projetado (ou tendo evoluído) para maximizar algum fim (tal como sobreviver)" consiste em definir os processos de ajustes mediados ao ambiente. Como descrever as condições que explicam o surgimento destes processos? Possíveis respostas: (i) observando a substituição de um elemento da experiência por outro elemento; (ii) checando a antecipação temporal de um evento; (iii) observando uma operação sobre entidades que não estão perceptualmente manifestas, e são usadas na antecipação desse evento. Haugeland (1998) define representação como a parte funcional de um sistema correlacionado com aspectos que variam do mundo e que está baseada na propriedade de *aboutness* — uma representação é uma entidade *sobre* alguma coisa. Bechtel (1998: 297) já observou que, em ciência cognitiva, os autores, seguindo Haugeland, enfatizam o mesmo aspecto — "algo está para alguma outra coisa". Uma divisão em modalidades, que separa esta relação em classes de relações, sugere dois tipos, excludentes, de processos — simbólicos e não-simbólicos. Muito frequentemente esta divisão, em classes, se confunde com o próprio modelo. Em muitas análises, representação é definido como uma sequência de símbolos em um código declarativo. Há, portanto, ao menos duas etapas bem demarcadas, e elas ocuparam boa parte deste livro.

Mas o que chamamos de modelo da ação do signo (semiose) pode, segundo Haugeland (1998: 172), ser desconsiderado: "uma avaliação explícita de representação não será necessária; isto é, nós podemos seguir sem uma definição anterior de família dentro da qual os gêneros devem ser distinguidos". Haugeland pergunta: que tipo de similaridade ou distinção entre duas espécies de representação determina se elas são do mesmo gênero?

1. A resposta de Peirce: uma relação triádica irredutível

Em oposição às premissas de Haugeland, exploramos as condições em que a semiose pode ser concebida e descrita, e as condições que devem ser satisfeitas para tratá-la como emergente. Uma vez definidas tais condições, nós perguntamos: "quantas e quais são as modalidades de semiose?", "como elas estão relacionadas?". Estas questões recebem um tratamento no domínio de uma "teoria geral das relações": quantos tipos de relação irredutíveis podem ser concebidos? Que tipo de relação é um signo? Neste nível de descrição, uma teoria do signo pouco se importa com os sistemas específicos (constituição material, natureza, mecanismos) onde, uma vez implantados (ou implementados), a semiose acontece.

Mas os desafios ainda permanecem mal explorados. Podemos perguntar: quais as vantagens de uma abordagem que absorve processos que acontecem em escalas de observação que vão de acontecimentos cosmogônicos[147] à microbiologia[148] e descrevem processos tão distintos quanto zoo e fitosemiose,[149] quimio[150] ou fisiosemiose?[151] São comuns as naturezas de processos que envolvem tal variedade de escala, tamanho e material? Estão baseados nos mesmos princípios?

A tese de um princípio regulador independente de nível de organização encontra nas idéias do físico-teórico Hermann Haken (1981: 15-16), sobre a Sinergética, uma poderosa correspondência, ao menos metodológica:

> "O objetivo da Sinergética pode ser caracterizado por questões tais como estas: sistemas exibem padrões similares de comportamento a despeito do fato de serem inteiramente diferentes? Existem princípios gerais governando a natureza de auto-organização dos subsistemas? Existe um método teórico geral para lidar com estes efeitos? O objetivo atrás destas questões pode surpreender porque sistemas podem ser compostos de elementos tão diversos quanto átomos, moléculas, fótons, células, animais, computadores, humanos, etc. O modo como estes elementos interagem são igualmente diversos. Entretanto, passados alguns anos, largas classes de sistemas têm sido encontrados (pertencentes a diferentes disciplinas) que exibem notáveis analogias em seus comportamentos macroscópicos. Tais analogias tornam-se visíveis quando adotamos um certo nível de abstração".

[147] Kruse (1994: 87-98).
[148] Emmeche (1991: 325-339).
[149] Krampem (1991).
[150] Merrell (1996).
[151] Deely (1990).

Para Peirce (CP 1.354), a realidade exibe um princípio independente de níveis de organização. Peirce desenvolve esta ideia baseado em uma teoria das categorias. Peirce é um "methodologist of categoriality", como sugere Kuntz (1994: 178). A concepção de um princípio semiótico independente de nível de organização só é possível em uma abordagem que prevê investigação sistemática (empréstimo de métodos e comparação de resultados) em lógica-matemática, fenomenologia e ciências normativas.

Sobre a lista de categorias, que é a fundação formal do seu pensamento arquitetônico, ela constitui um sistema exaustivo de relações, hierarquicamente organizado em classes de relações (1-ádicas, 2-ádicas, 3-ádicas).[152] O signo é o mais notável exemplo de uma relação triádica. No âmbito da gramática especulativa, e relativamente à primeira divisão tricotômica de signos, as classes de relações (1-ádicas, 2-ádicas, 3-ádicas) equivalem a ícones, índices, e símbolos. Esta já pode ser tratada como validação de uma "teoria das relações",[153] uma questão que pode ser resumida em como um problema matemático afeta um problema não matemático, no sentido amplo que Peirce atribui à natureza desta ciência.[154] As classes de relações correspondem às relações de similaridade, de contiguidade física, e de lei entre os termos da tríade S-O-I, através de aspectos selecionados pelas tricotomias. As propriedades (similaridade, contiguidade física, lei) associadas a estas classes são definidas conforme a dependência dos termos da relação. Assim, a relação S-O é um ícone na dependência da natureza interna de S, um índice quando não pode prescindir de O, e um símbolo na dependência de I. Na faneroscopia, os resultados de uma "teoria das relações" são interpretados como "estados da consciência" —*feeling*, sentido de alteridade e sentido de mediação, ou síntese —, ou experiências monádicas, diádicas e triádicas.

O signo é um exemplo de relação triádica (S-O-I). Se esta relação pode prescindir do terceiro termo (interpretante), então ela é uma relação degenerada em primeiro grau, e trata-se de um índice. Se ela pode prescindir do segundo e terceiro termos, então ela é duplamente degenerada, e trata-se de um ícone. Ícones podem prescindir dos correlatos

[152] Murphey (1993), Houser (1997), Brunning (1997).
[153] Houser (1997: 14), Kent (1997: 448).
[154] Hookway (1985: 181-207).

da relação triádica, já que dependem de suas qualidades intrínsicas — "a relação dual entre o signo e seu objeto é degenerada e consiste em mera semelhança entre os dois" (CP 3.362). Índices, que são "signos degenerados em primeiro grau", podem prescindir do terceiro termo da relação — "Um índice é um signo que perderia o caráter que faz dele um signo se seu objeto fosse removido, mas manteria este caráter se não houvesse interpretante" (CP 2.304). Uma relação triádica genuína é um símbolo e não pode prescindir de qualquer um dos termos.

Diversos aspectos são incorporados, a partir de 1903, resultando num enorme refinamento analítico, com relação à primeira divisão tricotômica (ícone, índice, símbolo). Vimos (capítulo 5) alguns dos fatores que teriam motivado a construção de novas classificações, e descrevi a classificação que recebeu o mais cuidadoso tratamento de Peirce — dez classes de signos, baseada em três tricotomias. O desenvolvimento de classificações "extendidas" de signos nos permite identificar, por exemplo, "casos misturados", "modelos que são parcialmente indexicais e parcialmente simbólicos" (Houser 1991: 437).

2. De modelos visuais dos signos a uma neurosemiótica comparada

Sobre as fundações formais da semiótica, apresentei, introdutoriamente, o problema da "redutibilidade das relações" (capítulo 2).[155] Insisti sobre a importância deste tópico nos estudos sobre a teoria do signo e sobre as classificações — "as categorias logicamente formais foram caracterizadas como relações irredutíveis. [...] Estas categorias formais provêem a base para a classificação do signo" (Kent 1997: 448). Em diversas passagens, Peirce sugere sua preferência por raciocínios diagramáticos — "Inventei diversos sistemas de signo para lidar com relações. [...] Fui finalmente levado a preferir o que chamo de sintaxe diagramática" (MS L 231). A associação de um raciocínio visual com um sistema de diagramas lógicos resultou no desenvolvimento dos grafos existenciais (GE) — "a operação do pensamento deixada literalmente aberta à visão; a imagem em movimento do pensamento" (Kent 1997: 447). Para Kent (1987:

[155] Ketner (1995), Brunning (1997), Burch (1991, 1997).

4), como uma possível ramificação deste método, Peirce indicou ainda outro método — a de "imagens estereoscópicas em movimento" (NEM 3/1: 101-2).

Se é cada vez mais reconhecida a importância destes métodos em lógica, o que dizer sobre a aplicação de métodos diagramáticos em semiotica? O que apresentei nos capítulos 3 e 5 é uma tentativa de abordar mais sistematicamente, através de modelos visuais, tópicos específicos da gramática especulativa. Zellweger é um autor que tem enfatizado a importância de exploração de uma área aplicada da semiótica, dedicada à criação de signos, e baseada em "esforços coletivos altamente especializados para compreender e melhorar nossas ferramentas mentais" (Zellweger 1982a: 17-18). Segundo o autor, o principal desafio desta área é projetar signos capazes de estabelecer, através de iconicidade visual de suas "estruturas de superfície", um isomorfismo entre a "rede de relações existentes em uma sociedade de signos e a rede correspondente que existe na estrutura profunda do que está sendo simbolizado" (ibid., 1982: 19-20). Zellweger chama este isomorfismo de "iconicidade relacional". Na prática, seu plano se divide em duas partes: (i) identificação das estruturas abstratas a serem modeladas, (ii) invenção de um sistema de signos que incorpore e revele, visualmente, as relações nestas estruturas.

Motivados pelo tipo de projeto defendido por Shea Zellweger, estivemos interessados na construção de ferramentas visuais para observação e análise da semiose e das classificações. Que estratégias Peirce teria usado para construir seus próprios modelos gráficos das classificações sígnicas? Podemos generalizá-las para construção de quaisquer classificações n-tricotômicas? Quais as implicações para a teoria do signo? Os capítulos 2, 3 e 4 enfrentaram estas questões.

Parecem naturais as consequências, em cooperação com ciências experimentais, para checar as relações previstas nas classificações. Mas não é simples transformar tais consequências em um programa de cooperação interdisciplinar que integre uma agenda empírica, interessada em fenômenos de cognição, para abordar problemas tratados pela semiótica de Peirce. Projetamos (capítulo 6) as bases de um programa que chamamos de *neurosemiótica comparada*. Ela não teve desenvolvimento nas últimas duas décadas. Descrevemos, através das dez classes de signos, eventos de comunicação em primatas não-humanos. Nossas suposições eram que tais descrições deveriam re-equacionar alguns dos problemas enfrentados em etologia, sobre os "principais componentes sígnicos" em comunicação. Uma zoosemiótica experimental[156] parece ser a orientação mais próxima deste programa.

3. Comentário final

As principais contribuições deste livro (teóricas, sobre modelos baseados em diagramas, e empíricas, baseadas em métodos experimentais de neuroetologia) devem ser consideradas convergentes e complementares — a segunda idealizando um protocolo para refutar muitos dos processos previstos pela primeira. Isso só pôde ser praticado em razão de uma colaboração direta entre os campos do design, neuroetologia, ciência da computação, filosofia da biologia e filosofia da lógica. Os pesquisadores que permitiram desenvolver este trabalho foram Priscila Farias, Sidarta Ribeiro, Ricardo Gudwin e Angelo Loula, Charbel El-Hani e Lafayette de Moraes.

Minha opinião é que uma semiótica envolvida em projetos de colaboração interdisciplinar deve ser muito mais estimulada. Projetos assim têm fornecido as idéias subsidiárias para a construção de uma história natural e evolutiva da semiose,[157] de uma teoria semiótica da mente,[158] de uma teoria representacional do *self* e da consciência,[159] as bases para uma teoria evolutiva da linguagem,[160] e de artefatos e tecnologias em arqueologia cognitiva,[161] de uma teoria da referência em lógica,[162] de uma filosofia da biologia e biosemiótica.[163]

---

156 Sebeok & Ramsey (1969).
157 Hoffmeyer (1996).
158 Ransdell (1977), Atã & Queiroz (2021) .
159 Houser (1978), Colapietro (1989), Champagne (2018).
160 Deacon (1997).
161 Noble & Davidson (1996).
162 Hilpinen (1992), Houser (1992), Thibaud (1996).
163 Emmeche (1991), Hoffmeyer (1996), Queiroz (et al. 2011).

BIBLIOGRAFIA

AGRE, P.E. 1997. *Computation and Human Experience.* Cambridge University Press.

ALLWEIN, G.; BARWISE, J. 1996. *Logical Reasoning with Diagrams.* Oxford University Press.

ANELLIS, I.H. 1997. Tarski's development of Peirce's logic of relations. Em: *Studies in the Logic of Charles Sanders Peirce.* N. Houser, D. Roberts & J. Evra (eds.). Indiana University Press. pp. 271-303.

ATÃ, P.; QUEIROZ, J. 2021. Nicho de artefatos semióticos e externalismo cognitivo. *Revista DeSignis* 35: 211-227.

ATÃ, P.; QUEIROZ, J. 2019. Emergent sign-action: classical ballet as a self-organized and temporally distributed semiotic process. *European Journal of Pragmatism and American Philosophy*-EJPAP, XI-2.

ATÃ, P.; QUEIROZ, J. 2016. Habit in semiosis: two different perspectives based on hierarchical multi-level system modeling and niche construction theory. Em: *Consensus on Peirce's Concept of Habit: Before and Beyond Consciousness.* D.E. West & M. Anderson (eds.). Springer. pp. 109-119.

ATKIN, Albert. 2016. *Peirce.* London: Routledge.

__. 2010. Peirce's Theory of Signs. Em: *The Stanford Encyclopedia of Philosophy.* Edward N. Zalta (ed.), URL = <https://plato.stanford.edu/archives/sum2013/entries/peirce-semiotics/>.

BALAT, M. 1989-1991. Sémiotique et psychanalyse. (cópia fornecida pelo autor).

__.1990. Type, Trace, Ton, le 'ton' peircien. *Semiosis* 57-58.

__.1999. Rhèmes d'amour. *Protée* Hiver: 77.

BARWISE, J.;ETCHMENDY, J. 1995. Heterogeneous logic. Em: *Diagrammatic Reasoning — cognitive and computational perspective.*

J. Glasgow, N.H. Narayanan & B. Chandrasenkaran (eds.). The AAAI Press.

BECHTEL, W. 1998. Representations and cognitive explanations: assessing the dynamicist's challenge in cognitive science. *Cognitive Science* 22(3): 295-318.

BICKHARD, M. 2007. Modern approaches to language. *New Ideas in Psychology* 25: 67–69.

BRISCOE, T. 1998. Language as a complex adaptive system: coevolution of language and of the language acquisition device. Em: *Proceedings of the 8th Meeting of Computational Linguistics in the Netherlands Conference*. pp. 3-40.

BLACKBURN, S. 1994. *The Oxford Dictionary of Philosophy*. Oxford University Press.

BLOOM, P. 1999. Evolution of language. Em: *The MIT Encyclopedia of the Cognitive Sciences*. R.A. Wilson & F.C. Keil (eds.). MIT Press. pp. 292-293.

BRUNNING, J. 1997. Genuine triads and teridentity. Em: *Studies in the Logic of Charles Sanders Peirce*. N. Houser, D. Roberts & J. Evra (eds.). Indiana University Press. pp. 252-270.

BORGES, P. 2010. A visual model of Peirce's 66 classes of signs unravels his late proposal of Peirce's other ten-class typology enlarging semiotic theory. Em: *Model-based reasoning in science and technology: Abduction, logic, and computational discovery*. L. Magnani, W. Carnielli & C. Pizzi (eds.). Springer. pp. 221-237.

__. 2014. Peirce's system of 66 classes of signs. *Charles Sanders Peirce in His Own Words — 100 Years of Semiotics, Communication and Cognition*. T. Thellefsen & B. Sorensen (eds.). Walter de Grouyter. pp. 507-512.

BURCH, R. 1991. *A Peircean Reduction Thesis*. Texas Tech University Press.

__. 1997. Peirce's reduction thesis. Em: *Studies in the Logic of Charles Sanders Peirce*. N. Houser, D. Roberts & J. Evra (eds.). Indiana University Press. pp. 234-251.

__. Charles Sanders Peirce. 2021. Em: *The Stanford Encyclopedia of Philosophy*. E.N. Zalta (ed.), Acesso: <https://plato.stanford.edu/archives/sum2022/entries/peirce/> .

BURRIS, S.; LEGRIS, J. 2021. The algebra of logic tradition. Em: *The Stanford Encyclopedia of Philosophy*. E.N. Zalta (ed.), Acesso: <https://plato.stanford.edu/archives/spr2021/entries/algebra-logic-tradition/>

CADWALLADER, T. C. 1975. Peirce as an experimental psychologist. *Transactions of the Charles S. Peirce Society* 11(3): 167-186

CAMPBELL, D. T. 1974. Downward causation in hierarchically organised biological systems. Em: *Studies in the Philosophy of Biology: Reduction and Related Problems*. F. Ayala & TH. Dobzhansky (eds.). University of California Press. pp. 179–86.

CHALMERS, D. 1997. Availability: the cognitive basis of experience. Em: *The Nature of Consciousness — Philosophical Debates*. N. Block, O. Flanagan, G. Guzeldere (eds.). MIT Press. pp. 421-424.

CHAMPAGNE, M. 2018. *Consciousness and the Philosophy of Signs -- How Peircean Semiotics Combines Phenomenal Qualia and Practical Effects*. Springer.

CHENEY, D.L.; SEYFARTH, R. 1990. *How Monkeys See the World*. University of Chicago Press.

CHURCHLAND, P.S. 1989. *Neurophilosophy: Toward a Unified Science of the Mind-brain*. MIT Press.

CLARK, A. 1997. *Being There. Putting Brain, Body, and World Together Again*. MIT Press.

CLARK, A.; TORIBIO, J. 1994. Doing without representing? *Synthese* 101: 401-431.

CHAUVIRÉ, C. 1995. *Peirce et la Signification — Introduction à la Logique du Vague*. Presses Universitaires de France.

CHEMERO, A. 1999. *How to be an Anti-representationalist*. Ph.D. Thesis, Departments of Philosophy and Cognitive Science. Indiana University.

CHURCHLAND, P. 1984. *Matter and Consciousness*. MIT Press.

COLAPIETRO, V. 1989. *Peirce's Approach to the Self: A Semiotic Perspective on Human Subjectivity*. State University of New York Press.

CRISTALLI, C. 2022. Unconscious inferences in perception in early experimental psychology: From Wundt to Peirce. *J Hist Behav Sci*. 2022: 1–17

DAMASIO, A. 1994. *O Erro de Descartes*. Editora Companhia das Letras.

DARWIN, C. 1859. *On the Origin of Species by Means of Natural Selection*. Murray.

DEACON, T. 1997. *The Symbolic Species: The Co-evolution of Language and the Brain*. W.W. Norton & Company.

DEELY, J. 1990. *Basics of Semiotics*. Indiana University Press.

DELEDALLE, G. 1979. *Théorie et Pratique du Signe — Introduction a la Sémiotique de Charles S. Peirce*. Payot, Paris.

__. 1990. *Lire Peirce Aujourd'hui*. De Boeck Université.

DEPEW, D.; WEBER, B. 1999. Self-organizing systems. Em: *The MIT Encyclopedia of the Cognitive Sciences*. R.A. Wilson & F.C. Keil. (eds.). MIT Press. pp. 737-738.

DE TIENNE, A. 2003. Learning qua semiosis. *Semiotics, Evolution, Energy, and Development Journal* 3: 37-53

__. 1992. Peirce's semiotic monism. Em: *Semiotics Unfloding* (*Proceedings of the Second Congress of the International Association for Semiotic Studies*) Vol.1. T. Borbé (ed.). Mouton Publisher.

DE WAAL, C. 2001. *On Peirce*. Wadsworth.

__. 2013. *Peirce – A Guide for Perplexed*. Bloomsbury.

EIGEN, M. 1979. *The Hypercycle: a Principal of Natural Self-organization*. Springer-Verlag.

EL-HANI, C.; QUEIROZ, J. 2005. Semiose e emergência. *Galaxia* 9: 113-140.

EL-HANI, C.; QUEIROZ, J.; EMMECHE, C. 2006. A semiotic analysis of the genetic information. Semiotica 160(1/4): 1-68. [artigo vencedor do prêmio Mouton D'Or]

EL-HANI, C.; PIHLSTRÖM, S. 2002. A pragmatic realist view of emergence. *Manuscrito* XXV: 105-154.

EMMECHE, C. 1991. A semiotical reflection on biology, living signs and artificial life. *Biology and Philosophy* 6: 325-349.

ESPOSITO, J. 2005. Synechism: the keystone of Peirce's metaphysics. Em: *The Commens Encyclopedia: The Digital Encyclopedia of Peirce Studies*. M. Bergman & J. Queiroz (eds). Acesso: [commens.org/encyclopedia/article/esposito-joseph-synechism-keystone-peirce%E2%80%99s-metaphysics].

ESTES, R.D. 1991. *The Behavior Guide to African Mammals*. University of California Press.

FARIAS, P.; QUEIROZ, J. 2017a. *Visualizando Signos*. Ed. Blucher/ FAPESP.

__. 2017b. Visualizing triadic relations: diagrams for Charles S. Peirce's classifications of signs. *Information Design Journal* 23(2): 127-147.

__. 2014a. On Peirce's diagrammatic models for ten classes of signs. *Semiotica* 202: 657–671.

__. 2014b. On Peirce's visualization of the classifications of signs: finding a common pattern in diagrams. Em: *Charles Sanders Peirce in His Own Words — 100 Years of Semiotics, Communication and Cognition*. T. Thellefsen & B. Sorensen (eds.). Walter de Gruyter. pp. 283-290.

__. 2013. Os diagramas de C.S. Peirce para as 10 classes de signos. *Trans/Form/Ação* 36: 155-172.

__. 2006. Images, diagrams, and metaphors: hypoicons in the context of Peirce's sixty-six fold classification of signs. *Semiotica* 162(1/4): 287-308.

__. 2007. On a diagrammatic method for Peirce's classifications of signs. *Semiotics, Evolution, Energy, and Development* 1: 1-18.

__. 2003a. 10 cubes and 3N3: using interactive diagrams to model C. Peirce's classifications of signs. *Semiotica* 147(1/4): 165–184.

__. 2003b. On diagrams for Peirce's 10, 28, and 66 classes of signs. *Semiotica* 147 (1/4): 165-184.

__. 2001. Sign Design: nuevas estrategias para modelar procesos y estructuras sígnicas. *Signa* 10: 127-147.

__. 2000. Notes for a dynamic diagram of Charles Peirce's classifications of signs. *Semiotica* 131(1/2): 19-44. [artigo vencedor do prêmio Mouton D'Or]

FARIS, J. A. 1981. Charles S. Peirce's existential graphs. *Bulletin: The Institute of Mathematics and its Applications*. pp. 226-233.

FERRIANI, M. 1990. I grafi esitenziali peirceani: genesi e motivi di una notazione. *Lingua e Stile* 25(3): 383-404.

FISCH, M. 1978. Peirce's general theory of signs. Em: *Sight, Sound and Sense*. T. Sebeok (ed.). Indiana University Press.

__. 1986. *Peirce, Semeiotic and Pragmatism*. Essays by M.H. Fisch, K.L. Ketner & C. Kloesel (eds). Indiana University Press.

FITZGERALD, J. 1966. *Peirce's Theory of Signs as Foundation for Pragmatism*. University of Notre Dame: Mouton & Co.

FLOWER, E.; MURPHEY, M. 1977. *A History of Philosophy in America*. Vol. II. Capricorn Books.

FREADMAN, A. 1996. Peirce's second classification of signs. Em: *Peirce's Doctrine of Signs: Theory, Applications, and Connections*. V.M. Colapietro & T.M. Olshewsky (eds.). Mouton de Gruyter. pp. 143-159.

__. 2001a. The classifications of signs (I): 1867 - 1885. Em: *The Commens Encyclopedia: The Digital Encyclopedia of Peirce Studies*. M. Bergman & J. Queiroz (eds.), Acesso: http://www.commens.org/encyclopedia/article/freadman-anne-classifications-signs-i-1867-1885.

__. 2001b The classifications of signs (II): 1903. Em: *The Commens Encyclopedia: The Digital Encyclopedia of Peirce Studies*. M. Bergman & J. Queiroz (eds.). Acesso: http://www.commens.org/encyclopedia/article/freadman-anne-classifications-signs-ii-1903.

__. 2014. The First Correlate. Em: *Charles Sanders Peirce in His Own Words — 100 Years of Semiotics, Communication and Cognition*. T. Thellefsen & B. Sorensen (eds.). Walter de Grouyter. pp. 263-269.

FREEMAN, E. 1934. *The Categories of Charles Peirce*. The Open Court Publishing Company.

FREGE, G. 1892. *Uber Sinn und Bedeutung*.

FÜRTH, R. 1969. The role of models in theoretical physics. Em: *Boston Studies in the Philosophy of Science*. R.S. Cohen & M.W. Wartofsky (eds). vol 5. Springer.

GALLISTEL, C. 1998. Symbolic processes in the brain: the case of insect navigation. Em: *Methods, Models, and Conceptual Issues* (Vol.4). D. Scarborough & S. Stenberg (eds.). MIT Press. pp. 1-51.

GARDNER, M. 1982. *Logic Machines and Diagrams*. The University of Chicago Press.

GAVA, G. 2016. Prescission. Em: *The Commens Encyclopedia: The Digital Encyclopedia of Peirce Studies*. M. Bergman & J. Queiroz (eds.), Acesso: http://www.commens.org/encyclopedia/article/gava-gabriele-prescission.

GIBSON, K.R.; INGOLD, T. (eds.) 1993. *Tools, Language and Cognition in Human Evolution*. Cambridge University Press.

GOMES, A.; GUDWIN, R.; QUEIROZ, J. 2003. On a computational model of Peircean semiosis. Em: *Proceedings of the International Conference on Integration of Knowledge Intensive Multi-Agent Systems – KIMAS'03*, Cambridge, MA, IEEE. H. Hexmoor (ed.). pp. 703-708.

GOMES, A; EL-HANI, C.; GUDWIN, R.; QUEIROZ, J. 2007. Towards the emergence of meaning processes in computers from Peircean semiotics. *Mind & Society — Cognitive Studies in Economics and Social Sciences* 6: 173-187.

GOUDGE, T.A. 1950. *The Thought of Charles S.Peirce*. University of Toronto Press.

HACKING, I. 1993. The taxonomic solution. Em: *World Changes: Thomas Kuhn and the Nature of Science*. P. Horwich (ed.). MIT Press.

HAMMER, E. 1994. Reasoning with sentences and diagrams. *Notre Dame Journal of Formal Logic* 35(1): 73-87.

__. 1995a. Peirce on logical diagrams. *Transactions of the Charles S. Peirce Society* 31(4): 807-827.

__. 1995b. *Logic and Visual Information*. CSLI Publications - Stanford: CA.

HAREL, D. 1995. On visual formalism. Em: *Diagrammatic Reasoning — Cognitive and Computational Perspective*. J. Glasgow (et al.) (eds.) The AAAI Press. pp. 235-271.

HAUGELAND, J. 1998. *Having Thought: Essays in the Metaphysics of Mind*. Harvard Press.

HAUSER, M. 1996. *The Evolution of Communication*. MIT Press.

HAUSER, M.; FITCH, W.T. 2003. What are the uniquely human components of the language faculty. Em: *Language Evolution*. S. Kirby & M.H. Christiansen (eds.). Oxford University Press. pp. 158-181.

HAUSMAN, C. 1993. *Charles Sanders Peirce's Evolutionary Philosophy*. Cambridge University Press.

HAZEN, A.P. 1995. The irreducibility of relations of higher degrees. *Preprint* 4/95. Philosophy Dept. Melbourne University.

HILPINEN, R. 1982. On C.S. Peirce's theory of the proposition: Peirce as a precurssor of game-theoretical semantics. *Monist* 65(2): 182-188.
__. 1992. On Peirce´s philosophical logic: propositions and their objects. *Transactions of the Charles Sanders Peirce Society* 28(3): 467-488.
HINTIKKA, J.; HILPINEN, R. 1997. Foreword. Em: *Studies in the Logic of Charles S. Peirce*. N. Houser, D. Roberts & J. Evra (eds.). Indiana University Press. pp. ix-x.
HOFFMEYER, J. 1996. *Signs in the Universe*. Indiana University Press.
HOOKWAY, C. 1985. *Peirce*. Routledge & Kegan Paul.
__. 2002. *Truth, Rationality, and Pragmatism: Themes from Peirce*. Oxford University Press.
HOUSER, N. 1978. *Peirce on the Structure of Consciousness* (Tese de doutorado apresentada na universidade de Waterloo - Ontario).
__. 1991. A Peircean classification of models. Em: *On Semiotic Modeling*. M. Anderson & F. Merrell (eds.). Mouton de Gruyter. pp. 431-439.
__. 1992a. Introduction. Em: *The Essential Peirce I. Selected Philosophical Writings*, 1867-1893. (eds.) N. Houser & C. Kloesel. Indiana University Press. pp. xix-xli.
__. 1992b On Peirce's theory of propositions: a response to Hilpinen. *Transactions of the Charles Sanders Peirce Society* 23(3): 489-504.
__. 1992c. Competing icons. *Semiotics* 1991: 20-26.
__. 1997. Introduction: Peirce as logician. Em: *Studies in the Logic of Charles S. Peirce*. N. Houser, D. Roberts & J. Evra (eds.). Indiana University Press. pp. 1-22.
HULSWIT, M. 1997. Peirce's teleological approach to natural classes. *Transactions of the Charles S. Peirce Society* 33: 722-772.
__.2001.Peirceoncausalityandcausation.Em: *TheCommensEncyclopedia: TheDigitalEncyclopediaofPeirceStudies*. NewEdition. M. Bergman & J. Queiroz (eds.). Acesso: http://www.commens.org/encyclopedia/article/hulswit-menno-peirce-causality-and-causation.
INGOLD, T. 1993. Tools, techniques and technologies. Em: *Tools, Language and Cognition in Human Evolution*. K.R. Gibson & T. Ingold (eds.). Cambridge University Press. pp.337-345.
JABLONKA, E. 2002. Information: Its Interpretation, Its Inheritance, and Its Sharing. Philosophy of Science 69: 578-605.

JAPPY, A. 1984. Peirce's third trichotomy and two cases of sign path analysis. *Semiotica* 49(1/2): 15-26.

__. 1989. Peirce's sixty-six signs revisited. Em: *Semiotics and Pragmatics Proceedings of the Perpignan Symposium on Semiotics and Pragmatics* 1983. G.Deledalle (ed.). John Benjamins. pp. 143-153.

__. 1999. Iconicity and inference: Peirce's logic and language research. Em: *Essays in Semiotic Analysis, The Peirce Seminar Papers*. Vol. 4. M. Haley & M. Shapiro (eds.). Berghahn Books. pp. 41-76.

__. 2018. *Peirce's Twenty-Eight Classes of Signs and the Philosophy of Representation, Rhetoric, Interpretation and Hexadic Semiosis*. Bloomsbury Publishing.

__. 2021. Peirce's other ten-class typology. *Language and Semiotic Studies* 7(1): 52-84.

JOHANSEN, J. 1993. *Dialogic Semiosis*. Indiana University Press.

KANDEL, E. R.; SCHWARTZ, J. H.; JESSELL, T. M. 1999. *Principles of Neural Science*. McGraw-Hill.

KELSO, S. 1995. *Dynamic Patterns: The Self- organization of Brain and Behavior*. MIT Press.

KENT, B. 1987. *Charles S. Peirce: Logic and the Classification of the Sciences*. McGill-Queens University Press

__. 1997. The interconnectedness of Peirce's diagrammatic thought. Em: *Studies in the Logic of Charles S. Peirce*. N. Houser, D. Roberts & J. Evra (eds.). Indiana University Press. pp. 445-459.

KETNER, K. 1986. Peirce's most lucid and interesting paper: an introduction to cenopythagoreanism. *International Philosophical Quarterly* 26: 375-392.

__. 1987. Identifying Peirce's most lucid and interesting paper. *Transactions of the Charles Sanders Peirce Society* 23(4): 537-555.

__. 1995. *A Thief of Peirce — The letters of Kenneth L. Ketner and Walker Percy*. P. Samway (ed.). University Press of Mississippi.

KNEALE, W.; KNEALE, M. 1964. *O Desenvolvimento da Lógica*. Serviço de Educação: Fundação Calouste Gulbenkian.

KNIGHT, C. Ritual/speech coevolution: a solution to the problem of deception. Em: *Approaches to the Evolution of Language*. J.R. Hurford, M. Studdert-Kennedy & C. Knight (eds.). Cambridge University Press. pp. 68-91.

KRUSE, F. 1994. Is cosmic evolution semiosis? Em: *From Time and Chance to Consciousness: Studies in the Metaphysics of C.S.Peirce*. E. Moore & R. Robin (eds.). Berg. pp.87-99.

KULL, K.; EMMECHE, C.; FAVAREAU, D. 2008. Biosemiotic questions. *Biosemiotics* 1, 41–55.

KUNTZ, P. G. 1994. Doing something for the categories: the cable of categorial methods and the resulting tree of categories. Em: *From Time and Chance to Consciousness: Studies in the Metaphysics of Charles Peirce*. E. Moore & R. Robin (eds.). Berg.

LANE, R. 2001. Triadic logic. Em: *The Commens Encyclopedia: The Digital Encyclopedia of Peirce Studies*. New Edition. M. Bergman & J. Queiroz (eds.). Acesso: http://www.commens.org/encyclopedia/article/lane-robert-triadic-logic.

LEO, R. F. 1992. *Il Concetto di Relazione in Peirce*. Edizioni Universitairie Jaca.

__. 1994. The relevance of the concept of relation in Peirce. Em: *Living Doubt*. G. Debrock, G. & M. Hulswit (eds.). Kluwer Academic Publisher. pp.95-102.

LIBERMAN, P. 1998. Eve Spoke: *Human Language and Human Evolution*. W.W. Norton.

LIEB, I. C. 1977. Appendix B, em: *Semiotics and Significs: the correspondence between Charles S. Peirce and Victoria Lady Welby*. C. S. Hardwick (ed.). Indiana University Press.

LISZKA, J. 1996. *A General Introduction to the Semeiotic of Charles Sanders Peirce*. Indiana University Press.

LOULA, A.; GUDWIN, R.; EL-HANI, C.; QUEIROZ, J. 2010. The emergence of self-organized symbol based communication in artificial creatures. *Cognitive Systems Research* 11: 131-147.

LOWENHEIM, L. 1915. Uber Moglichkeiten im Relativkalkul. *Mathematische Annalen* 76: 447-470.

LUKASIEWICZ, J. 1961 (1970). *Selected Works*. L. Borkowski (ed.). North-Holland.

MARTY, R. 1982. C.S.Peirce's phaneroscopy and semiotics. *Semiotica* 41(1/4):169-181.

__.1990. *L'algèbre des Signes*. John Benjamins.

MATURANA, H.; VARELA, F. 1980. *Autopoiesis and Cognition: the realization of the living*. Dordrecht.

MENAND, L. 2001. *The Metaphysical Club*. Farras, Strauss and Giroux.

MERRELL, F. 1991. Thought-signs, sign-events. *Semiotica* 87(1/2):1-58.

__. 1994. Of signs and life. *Semiotica* 101(3/4): 175-240.

__. 1995a. *Semiosis in the Post Modern Age*. Purdue University Press.

__. 1995b. *Peirce's Semiotics Now*. Canadian Scholar's Press.

__. 1996. *Signs Grow: Semiosis and Life Processes*. University of Toronto Press.

__. 1997. *Peirce, Signs, and Meaning*. University of Toronto Press.

__. 2000. Peirce's basic classes of signs in a somewhat different vein. Em: *The Commens Encyclopedia: The Digital Encyclopedia of Peirce Studies*. M. Bergman & J. Queiroz (eds.), Acesso: http://www.commens.org/encyclopedia/article/merrel-floyd-peirces-basic-classes-signs-somewhat-different-vein.

MORAES, L.; QUEIROZ, J. 2001. Grafos existenciais de C.S.Peirce: uma introdução ao sistema Alfa. *Cognitio* 2: 112-133.

MURPHEY, M. 1993. *The Development of Peirce's Philosophy*. Harvard University Press.

NAUTA, D. 1981. Peirce's three categories regained: toward an interdisciplinary reconstruction of peircean frameworks. Em: *Proceedings of the Peirce Bicentenial International Congress*. K. Ketner et al. (eds.) Texas Tech Press.

NOBLE, W.; DAVIDSON, I. 1996. *Human Evolution, Language and Mind*. Cambridge University Press.

NÖTH, W . 1995. *Handbook of Semiotics*. Indiana University Press.

__. 2001. C.S. Peirce: pathfinder in linguistics. Em: The Commens Encyclopedia: *The Digital Encyclopedia of Peirce Studies*. M. Bergman & J. Queiroz (eds.). Acesso: http://www.commens.org/encyclopedia/article/n%c3%b6th-winfried-charles-sanders-peirce--pathfinder-linguistics.

NUBIOLA, J. 2000. Complexity according to Peirce. Em: *Commens Encyclopedia: The Digital Encyclopedia of Peirce Studies*. M. Bergman & J. Queiroz (eds.). Acesso: http://www.commens.org/encyclopedia/article/nubiola-jaime-complexity-according-peirce.

ORMISTON, G.L. 1977. Peirce's categories: structure of semiotic. *Semiotica* 19(3/4): 209-231.

PAPE, H. 1990. Charles S. Peirce on objects of thoughts and representation. *Noûs* 24: 375-396.

__. 1993. Final causality in Peirce's semiotic and his classification of the sciences. *Transactions of C.S.Peirce Society XXIX*(4): 581-608.

__. 1997. The logical structure of idealism: C.S.Peirce's search for a logic of mental processes. Em: *The Rule of Reason*. J. Brunning & P. Forster (eds.). University of Toronto Press. pp. 153-184.

PARKER S.T. 1997. A general model for the adaptive function of self-knowledge in animals and humans. *Conscious Cogn* 6(1): 75-86.

PARKER, K. 1998. The *Continuity of Peirce's Thought*. Vanderbilt University Press.

PEIRCE, C.S. (ed.) 1883 (1983) *Studies in Logic by members of the John Hopkins University*. John Benjamins Publishing Co.

__. (EP1, 1992; EP2, 1998), The Essential Peirce: Selected Philosophical Writings, vol. 1 N. Houser & C. Kloesel (eds); vol. 2 ed. by the Peirce Edition Project, (Bloomington and Indianapolis, Indiana University Press.) (Citado como EP, seguido de volume e parágrafo.)

__. (1931-1935), The Collected Papers of C. S. Peirce, vols. I-VI. eds. C. Hartshorne & P. Weiss, Cambridge, Harvard University Press, 1931-1935]; vols. VII-VIII [A. W. Burks (ed.), same publisher, 1958], Charlottesville, Intelex Corporation. (Citado como CP, seguido de volume e parágrafo..)

__. 1967. *Annotated Catalogue of the Papers of Charles S. Peirce*. Amherst: University of Massachusetts. R. Robin (ed.) [Referências aos manuscritos e cartas de C.S.Peirce: MS e L, de acordo com o catálogo)

__. 1976. *New Elements of Mathematics by Charles S. Peirce*. C. Eisele (ed.). The Hague: Mouton.

__. 1977. *Semiotics and Significs: the correspondence between Charles S. Peirce and Victoria Lady Welby*. (ed.) C.S. Hardwick. Indiana University Press.

__. 1984. *Writings of Charles S. Peirce. Peirce Edition Project* (ed.). Indiana University Press.

__. 1998 (1893-1913). *The Essential Peirce: Selected Philosophical Writings*. Peirce Edition Project. (Ed.) Indiana University, Vol. II.

PÉREZ-MIRANDA, L.A. 2001. Rational approaches to rationality. *Trends in Cognitive Sciences* 5(9): 372-373.

PICARDI, E. 1990. La chimica dei concetti. *Lingua e Stile* 25(3): 363-381.

PINKER, S.; BLOOM, P. 1990. Natural language and natural selection. *Behavioral and Brain Sciences* 13: 585-642.

POGGENPOHL, S.H.; WINKLER, D.R. 1992. Diagrams as tools for worldmaking. *Visible Language* 26(3/4): 253-269.

POLANYI, M. 1968. Life's irreducible structure. *Science* 160: 1308–12.

PORT, R. 2002. The dynamical systems hypothesis in cognitive science. Em: *Macmillan encyclopedia of cognitive science*. L. Nadel (ed.). Macmillan. Vol. 1, pp. 1027–1032.

__. 2009. The dynamics of language. Em: *Encyclopedia of Complexity and System Science*. R.A. Meyers (ed.). Springer-Verlag. pp. 2310–2323.

POTTER, V. 1967 [1997]. *Charles S. Peirce: On Norms & Ideals*. University of Massachusetts Press.

__. 1996. *Peirce's Philosophical Perspective*. V. Collapietro (ed.). Fordham University Press.

PRIGOGINE, I.; STENGERS, I. 1984. *Order Out of Chaos: Man's New Dialogue with Nature*. Bantam.

PUTNAM, H. 1982. Peirce the logician. *História Matemática* 9: 290-301.

__. 1988. Lógica combinatória. Em: *Enciclopédia EINAUDI* — Vol. 13. R. Romano (ed.). Imprensa Nacional Casa da Moeda.

QUEIROZ, J.; STJERNFELT, F. (eds). 2019. Peirce's extended theory and classification of signs. *Semiotica* 228.

__. (eds.) 2011. Diagrammatical reasoning and Peircean logic representation. *Semiotica* 186(1/4).

QUEIROZ, J.; MORAES, L. (orgs.) 2013. *A Lógica de Diagramas de C.S.Peirce: Implicações em Ciência Cognitiva, Lógica e Semiótica*. Editora UFJF.

QUEIROZ, J.; STJERNFELT, F ; EL-HANI, C. 2013. Dicent symbols and proto-propositions. Em: *Peirce and Biosemiotics: A Guess at the Riddle of Life in Biological Mimicry*. V. Romanini & E. Fernández (eds.). Springer. pp. 180-190.

QUEIROZ, J; STJERNFELT, F.; EL-HANI, C. N. 2012. Dicent symbols in mimicry. Em: *Semiotics in the Wild — Essays in Honour of Kalevi Kull on the Occasion of His 60th Birthday*. T. Maran, K. Lindström, R. Magnus & M. Tonnessen (eds.). Tartu University Press. pp. 79-86.

QUEIROZ, J.; RODRIGUES, L.; RIBEIRO, S. 2012. Semiotic evolution of toolmaking: the role of symbols for work towards delayed reward. *Intellectica* 58: 197-206.

QUEIROZ, J. 2012. Dicent symbols in non-human semiotic processes. *Biosemiotics* 5: 1-11.

QUEIROZ, J.; EMMECHE, C.; KULL, K.; EL-HANI, C. 2011. The biosemiotic approach in biology: theoretical bases and applied models. Em: *Information and Living Systems — Philosophical and Scientific Perspectives.* G. Terzis & R. Arp. (eds.) MIT Press pp. 91-130.

QUEIROZ, J.; LOULA, A. 2011. Self-organization and Peirce's notion of communication and semiosis. *International Journal of Signs and Semiotic Systems* 1(2): 53-61.

QUEIROZ, J.; EMMECHE, C.; EL-HANI, C. 2008. A Peircean approach to information and it's relationship with Bateson's and Jablonka ideas. *The American Journal of Semiotics* 24(1-3): 75-94.

QUEIROZ, J. 2003. Comunicação simbólica em primatas não-humanos: uma análise baseada na semiótica de C.S.Peirce. *Rev Bras Psiquiatr* 25 (Supl II): 2-5.

QUEIROZ, J.; RIBEIRO, S. 2002. The biological substrate of icons, indexes and symbols in animal communication: a neurosemiotic analysis of Vervet monkey alarm-calls. Em: *Peirce Seminar* V. M. Shapiro (ed.). Berghahn Books. pp. 69-78.

QUEIROZ, J.; MERRELL, F. 2009. On Peirce's pragmatic notion of semiosis – a contribution for the design of meaning machines. *Minds & Machines* 19: 129-143.

__. 2006. Semiosis and pragmatism: toward a dynamic concept of meaning. *Sign System Studies* 34(1): 37-66.

QUEIROZ, J.; EL-HANI, C. 2012. Downward determination in semiotic multi-level systems. *Cybernetics & Human Knowing — A*

Journal of Second Order Cybernetics, Autopoiesis & Semiotics 19: 123-136.

__. 2007. La emergencia del significado en sistemas semióticos. *Revista de Filosofia — Centro de estudos filosóficos Adolfo Garcia Dias* 56: 47-65.

__. 2006a. Towards a multi-level approach to the emergence of meaning in living systems. *Acta Biotheoretica* 54: 179-206.

__. 2006b. Semiosis as an emergent process. *Transaction of C.S.Peirce Society* 42(1): 78-116.

__. 2005. Downward determination. *Abstracta* 1(2): 162-192.

QUINE, W.V. 1966. *Selected Logical Papers*. Random House: New York.

__. 1995. Peirce's logic. Em: *Proceeddings of the Charles S. Peirce Bicentennial International Congress*. K. Ketner et al (eds.). Texas Tech Press. pp.23-31.

RANSDELL, J. 1977. Some leading ideas of Peirce's semiotic. *Semiotica* 19(3/4):157-178.

__. 1983. *Peircean semiotic*. (Fotocópia fornecida pelo autor).

RENDALL, D.; SEYFARTH, R.; CHENEY, D.; OWREN, M. 1999. The meaning and function of grunt variants in baboons. *Animal Behavior* 57: 583-592.

RESCHER, N. 1996. *Process Metaphysics: An Introduction to Process Philosophy*. State University of New York Press.

RÉTHORÉ, J. 1980. La sémiotique triadique de C.S.Peirce. *Langages* 58: 32-37.

REYNOLDS, A. 2002. *Peirce's Scientific Metaphysics -- The Philosophy of Chance, Law, and Evolution*. Nashville: Vanderbilt University Press.

RIBEIRO, S.; CECCHI, G.A.; MAGNASCO, M.O.; MELLO, C.V. 1998. Toward a song code: evidence for a syllabic representation in the canary brain. *Neuron* 21(2):359-371.

RIBEIRO, S.; LOULA, A.; ARAUJO, I.; GUDWIN, R.; QUEIROZ, J. 2007. Symbols are not uniquely human. *Biosystems* 90: 263-272.

ROBERTS, D. 1973. *The Existential Graphs of Charles S. Peirce*. Mouton: The Hague.

ROSENSOHN, W. 1974. *The Phenomenology of C.S.Peirce — from the doctrine of categories to phaneroscopy*. B.R.Gruner.

ROSENTHAL, S. 1997. Pragmatic experimentalism and the derivation of the categories. Em: *The Rule of Reason*. J. Brunning & P. Forster (eds.). University of Toronto Press. pp. 120-138. 1994. Charles Peirce's Pragmatic Pluralism. Suny.

__. 2001. Categories, pragmatism, and experimental method. Em: M. Bergman & J. Queiroz (Eds.), *The Commens Encyclopedia: The Digital Encyclopedia of Peirce Studies*. Acesso: http://www.commens.org/encyclopedia/article/rosenthal-sandra-categories-pragmatism-and-experimental-method.

RUSSELL, B. 1918 (1966). The philosophy of logical atomism. Em: *Logic and Knowledge*. (eds.) P. Geach e M. Black. Blackwell.

RYLE, G. 1953. *Logic and Language*. (ed.) A.G.N. Flew. Basil Blackwell. [publicado em Os Pensadores, 1980. Editora Abril Cultural]

SALTHE, S. N. 1985. *Evolving hierarchical systems: their structure and representation*. New York: Columbia University Press.

__. 1993. *Development and Evolution: Complexity and Change in Biology*. MIT Press.

SANDERS, G. 1970. Peirce sixty-six signs? *Transactions of Charles Sanders Peirce Society* 6 (1): 3-16.

SANTAELLA, L. 1995. *A Teoria Geral dos Signos: Semiose e Autogeração*. Editora Ática.

SAVAN, D. 1952. On the origins of Peirce's phenomenology. Em: *Studies in the Philosophy of Charles Sanders Peirce*. P. Wiener & F. Young (eds.). Havard University Press. pp. 185-194.

__. 1977. Questions concerning certain classifications claimed for signs. *Semiotica* 19(3/4): 179-195.

__.1987-88. *An Introduction to C.S.Peirce's Full System of Semiotic*. Monograph Series of the Toronto Semiotic Circle, vol.1: Victoria College.

SCERRI, E.R. 1998. The evolution of the periodic system. *Scientific American*: September.

SEBEOK, T.; RAMSEY, A. (eds.). 1969. *Approaches to Animal Communication*. Mouton de Gruyter.

__. 1972. *Perspectives in Zoosemiotics*. Mouton de Gruyter.

SERSON, B. 1997 On Peirce's pure grammar as a general theory of cognition: from the thought-sign of 1868 to the semeiotic theory of assertion. *Semiotica* 113(1/2):107-157.

SIVASANKARAN, V. K.; OWEN, C. L. 1992. Data exploration: transposition operations in dynamic diagrams. *Visible Language* 28(3/4): 451-473.

SEYFARTH, R.; CHENEY, D.L.; MARLER, P. 1980. Monkey responses to three different alarm calls: evidence of predator classification and semantic communication. *Science* 210: 801-803.

SEYFARTH, R.; CHENEY, D.L. 1992. Meaning and mind in monkeys. *Scientific American* (December).

SHAROV, A.; TONNESSEN, M. 2021. *Semiotic Agency: Science beyond Mechanism*. Springer.

SHIN, S. 1994. *The Logical Status of Diagrams*. Cambridge University Press.

SHORT, T. 1982. Life among the legisigns. *Transactions of the C.S.Peirce Society* 18(4): 285-310.

SIVASANKARAN, V. K.; OWEN, C.L. 1992. Data exploration: transposition operations in dynamic diagrams. *Visible Language* 28(3/4): 451-473.

SMITH, W. J. 1977. *The Behavior of Communicating*. Harvard University Press.

SPIEGELBERG, H. 1981. *The Context of the Phenomenological Movement*. Martinus Nijhoff.

SPINKS, C.W. 1991. Diagrammatic thinking and the portaiture of thought. Em: *On Semiotic Modeling*. M. Anderson & F. Merrell (eds.). Mouton de Gruyter. pp. 441-481.

STEPHAN, A. 1998. Varieties of emergence in artificial and natural systems. *Zeitschrift für Naturfors-chung*, Tubingen, n. 53c, p. 639-656.

__. 1999. *Emergenz: von der Unvorhersagbarkeit zur Selbstorganisation*. Dresden; München: Dresden University Press.

STJERNFELT, F. 2014. *Natural Propositions: The Actuality of Peirce's Doctrine of Dicisigns*. Docent Press.

__. 2007. Diagrammatology: An Investigation on the Borderlines of Phenomenology, Ontology, and Semiotics. Springe

STRUSHAKER, T.T. 1967. Auditory communication among vervet monkeys (Cercopithecus aethiops). Em: *Social Communication among Primates*. S.A. Altmann (ed.). University of Chicago Press.

SOWA, J. 1984. *Conceptual Structures: Information Processing in Mind and Machine*. Addison Wesley: Reading Mass.

__. 1997. Matching logical structure to linguistic structure. Em: *Studies in the Logic of Charles S. Peirce*. N. Houser, D. Roberts & J. Evra (eds.). Indiana University Press. pp. 418-444.

THIBAUD, P. 1975. *La Logique de Charles Sanders Peirce — De l'Algèbre aux Graphes*. Editions de l'Université de Provence.

__. 1996. Peirce's concept of proposition. Em: *Studies on the History of Logic*. I. Angelleli & M. Cerezo (eds.). Walter de Gruyter. pp. 257-279.

THOM, R. 1985. *Parábolas e Catástrofes*. Publicações Dom Quixote.

TOMASELO, M.; CALL, J. 1997. *Primate Cognition*. Oxford University Press.

TOOTELL, R.B.; SWITKES, E.; SILVERMAN M.S.; HAMILTON, S.L. 1988. Functional anatomy of macaque striate cortex. II. Retinotopic organization. *J Neurosci* 8(5): 1531-68

TURSMAN, R. 1987. *Peirce's theory of scientific discovery: a system of logic conceived as semiotics*. Indiana University Press.

VAUCLAIR, J. 1995. *L'intelligence de l'animal*. Éditions du Seuil .

ZARETSKY, M.D.; KONISHI, M. 1976. Tonotopic organization in the avian telencephalon. *Brain Res*. 111: 167-171.

ZELLWEGER, S., S. 1982a. Sign-creation and man-sign engeneering. *Semiotica* 38(1/2): 17-54.

__. 1982b. Classroom inventions for the logic alphabet. *Semiotics* 38: 255-260.

__. 1991. Peirce, iconicity, and the geometry of logic. Em: *On semiotic modeling*. M. Anderson & F. Merrell (eds.). Mouton de Gruyter. pp. 483-507.

__. 1992. Cards, mirrors, and hand-held models that lead into elementary logic. Em: *16th Annual Conference of the International Group for the Psychology of Mathematics Education*. (offprint)

ZUBERBUHLER, K. 1999. Referential labeling in Diana monkeys. *Animal Behavior* 59: 917-927.

WEINERT, F. 1999. Theories, models and constraints. *Stud. Hist. Phil. Sci.* 30(2): 303-333.

WEISS, P.; BURKS, A. 1945. Peirce's sixty-six signs. *Journal of Philosophy* XLII: 383-388.

WHELDEN, R. 2000. The origins and use of the theory of relations: Peirce, DeMorgan and music analysis. *Transactions of the Charles S. Peirce Society* 36(1): 49-73.

pólen bold 90 gr/m2
tipologia adobe garamond pro
impresso no inverno de 2023